中国古代瓦当研究

杜献宁　赵延旭　王凯　著

西周瓦当

春秋战国瓦当

秦汉瓦当

魏晋隋唐瓦当

宋代瓦当

辽代瓦当

金代瓦当

元代瓦当

明代瓦当

清代瓦当

程大学区域文化传承创新与高质量发展研究中心高等学校人文社会科学重点研究基地经费资助

吉林大学出版社

·长春·

图书在版编目（CIP）数据

中国古代瓦当研究 / 杜献宁，赵延旭，王凯著.

长春：吉林大学出版社，2024. 8. -- ISBN 978-7-5768-3606-6

Ⅰ. K876.34

中国国家版本馆CIP数据核字第2024PD0003号

书　　　名：中国古代瓦当研究
ZHONGGUO GUDAI WADANG YANJIU

作　　　者：杜献宁　赵延旭　王　凯
策划编辑：殷丽爽
责任编辑：殷丽爽
责任校对：李适存
装帧设计：刘　瑜
出版发行：吉林大学出版社
社　　　址：长春市人民大街4059号
邮政编码：130021
发行电话：0431-89580036/58
网　　　址：http://www.jlup.com.cn
电子邮箱：jldxcbs@sina.com
印　　　刷：廊坊市海涛印刷有限公司
开　　　本：787mm×1092mm　1/16
印　　　张：14.5
字　　　数：200千字
版　　　次：2024年8月　第1版
印　　　次：2025年1月　第1次
书　　　号：ISBN 978-7-5768-3606-6
定　　　价：72.00元

序

　　瓦当是中国古代建筑独具特色的重要构件，是防护与装饰功能完美结合的物质载体，集书法、绘画、雕刻等工艺于一体，也是东方美学的重要组成部分。自周原遗址出土第一块瓦当，逮及清代，三千余年间，瓦当的形制、纹饰等经历了漫长的发展历程，与中国古代建筑的发展相始终。

　　学界关于瓦当的研究多依照时序分析阐述，该书首先对瓦当的名称演变、起源发展、功能意义、主要类型、制作管理等基本问题进行了细致的考证。在此基础上，以河北工程大学建筑艺术博物馆所藏瓦当为研究对象，结合文物实例，对西周至明清不同历史时期的瓦当展开研究，内容重点关注瓦当形制、材质与纹饰等，时段则以隋唐之前为主，同时关注到瓦当演变与时代背景二者之间的联系，视角独特，立论新颖，多有创获。

　　中华优秀传统文化的创造性发展、创新性转化是中华民族伟大复兴的重要条件。保护历史文物是传承和弘扬中华优秀传统文化的必然要求。党的十八大以来，党和国家高度重视文物保护工作，习近平总书记发表系列重要论述、作出系列重要指示批示，为历史文物保护引航指路。2023年7月29日，习近平总书记在参观汉中市博物馆时指出："文物承载灿烂文明，传承历史文化，维系民族精神。要发挥好博物馆保护、传承、研究、展示人类文明的重要作用，守护好中华文脉，并让文物活起来，扩大中华文化的影响力。"河北工程大学建筑艺术博物馆前身为学校古建筑构件展室，其筹建可追溯至2013年，至今经过十余年的发展积淀，形成了瓦当、佛塔砖、柱础、排水管道、古建民居等多个特色藏品系列，藏品年代涵盖商周至新中国完整的时代发展序列。如何深入发掘馆藏文物的历史、艺术及科学价值，让文物活起来，讲好中国故事，传播好中国声音，是文物工作者义不容辞的历史使命和社会责任。

该书全面系统地整理了馆藏瓦当精华，以图文并茂的形式，生动形象地记录了华夏文明的悠久历史与文化传承，将资料性、学术性、普及性有机结合，将深藏于博物馆中的瓦当信息准确地公布于众，共享文物资料信息，以推进学界的持续关注，为提升馆藏文物的展览和研究水平提供学术支撑，进而从古代物质文化的视角，充分展示中华民族的悠久历史以及源远流长的中华文明、博大精深的中华文化！

"千淘万漉虽辛苦，吹尽狂沙始到金。"文化传承使命光荣，任重道远，希望以此书的出版为契机，加大对文物的研究和阐释，谱写文化育人的新篇章！

曹保刚

绪论

《韩非子·五蠹》载："上古之世，人民少而禽兽众，人民不胜禽兽虫蛇。有圣人作，构木为巢以避群害，而民悦之，使王天下，号曰有巢氏。"[1]自此，人类开启了建造房屋以供居住的历史。人类社会早期，自然环境极度恶劣，野外穴居的人们，长期处于茹毛饮血、而衣皮苇的原始生活状态，经常受到野兽的侵袭，与动物并无二致。有巢氏受鸟兽栖木为巢的启发，开创了巢居的方式，改变了一直以来人类穴居野处的单一居住形态，从而将人类与动物区分开来，可见居室建造对于人类文明进化的重要意义。有巢氏也由此被后人推誉为"华夏第一人文始祖"。巢居与穴居共同构成了人类早期最主要的两种居住形态，即《法言义疏》所言："古者民未知宫室，上者木处，下者穴居而已。"[2]

然而，人类改善居住条件的步伐并未就此停

---

①高华平等译注：《韩非子》，中华书局，2015年版，第698页。

②汪荣宝撰，陈仲夫点校：《法言义疏》，中华书局，1987年版，第124页。

止，考古发现，距今六七千年的陕西半坡文化遗址和浙江河姆渡文化遗址，在穴居与巢居的基础上，分别出现了半地穴式和干栏式建筑，并成为南北居室建筑的典型代表。缘何会出现两种形态迥异的建筑形式？究其原因，多为自然环境使然。此后，伴随着生产力的不断发展，人类居住条件持续改善，正如《周易·系辞下》所载："上古穴居而野处，后世圣人易之以宫室，上栋下宇，以待风雨。"[①]人类的居室逐渐摆脱了早期的原始形态，不仅在建筑的形式与规模上不断地发展、演变，亦被赋予了身份和等级的深刻寓意。同时，除自然环境的因素外，建筑也深深地打上了民族、地域、时代的文化烙印。此后的建筑规模不断扩大，构件装饰日渐奢华，等级制度渐趋分明。及至西周时期，等级较高的建筑不仅规模庞大、形制规整，而且基本摆脱了"茅茨土阶"的简陋形态，瓦开始用于屋顶，瓦当也随之出现并不断发展、演化。自此以后，集书法、绘画、雕刻等多重工艺于一体，兼具实用价值与艺术功能的瓦当，逐渐发展成为中国传统建筑中不可或缺的构件，在历史发展的长河中熠熠生辉，绽放为中华艺术宝库中一朵瑰丽的奇葩。

---

①杨天才等译注：《周易》，中华书局，2011年版，第610页。

目录

Content

第一章 瓦当概述

第一节 "瓦当"的定名与流变

屋瓦，作为中国古代建筑的重要构件，依据外部形态可将其分为板瓦与筒瓦，主要用于铺设屋顶。瓦当，指的则是用于筒瓦瓦陇的最前端的一块筒瓦，其主要由当面与瓦身两部分构成。爬梳史籍，《清史稿·艺文志二》载曰："《秦汉瓦当文字》二卷，《续》一卷。程敦撰。"[①]可见程敦著录时"瓦当"之名已定，具备非常明确的指向性，清代以前则尚未见"瓦""当"合用之例。"瓦当"一词缘何而来，历代"瓦当"的名称流变为何，对于钩沉瓦当历史至关重要，在此先作一探讨。

一、"瓦当"名称的由来

世人皆谓"秦砖汉瓦"，足证汉代为瓦当发展的鼎盛时期，此时的瓦当纹饰丰富、制作精良、使用广泛，尤其瓦当纹饰的种类，在继承前期图案纹饰的基础上，文字纹饰异军突起，各类吉语、宫名、署名、冢名瓦当等屡见不鲜，成为汉代瓦当纹饰的一大创举，在中国瓦当艺术史上具有划时代的重要意义，标志着瓦当艺术自此走向全盛。丰富多彩的文字瓦当，不仅是重要的建筑构件，也是生动的艺术作品，更是书写历史的物质载体，蕴含了深厚的时代背景和时人的精神诉求，具有极高的艺术价值和学术价值。至于"瓦当"一词的由来，最早源于瓦当上的文字纹饰。

---

①赵尔巽等撰：《清史稿》卷一四六《艺文志二》，中华书局，1977年版，第4321页。

迄今为止，考古发现的文字瓦当，其字数少则一二，多则十数，书写的内容多为吉祥祝祷之语，抑或是宫殿、官署、祠墓、姓氏的名称，前者即长乐未央、千秋万岁之属，后者有成山、黄山、上林之类，所书多为当时的宫殿苑囿，内容简明扼要、指向鲜明。此外，这类书写名称的瓦当亦常见有四字之文，如长水屯瓦、都司空瓦，据考证，其分别为长水校尉的屯兵之所和都司空官的公廨官舍所用之瓦当。与此同时，类似书写名称的瓦当还有蕲年宫当、披香殿当、京师庾当、神灵冢当，为当时的宫殿、仓庾及冢墓建筑所用之瓦当。由此可见，其时虽无"瓦当"之名，但"瓦""当"二字广义上均具有后世瓦当所指之义。

逮及清代，金石学发端，瓦当收藏和研究之风日盛，此时金石学家的著录继续沿用"瓦"字以代瓦当，如中国研究瓦当文字的第一部专著——乾隆年间朱枫所著《秦汉瓦图记》，以及钱坫的《汉瓦图录》等。而此时"当"字单独用于指代瓦当的则几乎不见，与之相应的，"瓦""当"二字合用的现象却日渐普遍，"瓦当"一词随即产生并传播开来，这在此时的金石著述中亦可得到佐证。例如，除前文所述程敦《秦汉瓦当文字》外，还有毕沅《秦汉瓦当图》、陈广宁《汉宫瓦当》、王福田《竹里秦汉瓦当文存》及清晚期罗振玉《秦汉瓦当文字》等，诸如此类不胜枚举。由此可见，及至清代，"瓦当"一词已成为此类建筑构件约定俗成的专用名称，一直沿用至今。

二、"瓦当"名称的流变

既然"瓦当"一词及至清代才得以确定和使用，那么在这一建筑构件产生和发展的漫长的历史之中，其不同时代的名称为何，成为我们首

先要解决的问题。

用"瓦"与"当"指代瓦当始于汉代，这应与时人对于瓦当的认知有关，东汉许慎所撰《说文解字》载："瓦，土器已烧之总名。"①恰可说明包括瓦当在内的诸多瓦器的制作方法，即由泥土制作成器后烧制而成，以之指代瓦当较为合理。《说文解字》载："当，田相值也。"②清人段玉裁注曰："值者，持也。田与田相持也。引申之，凡相持相抵皆曰当。"③初看似乎与瓦当这一建筑构件并无太大关联，令人费解。然而，结合《韩非子·外储》所载："今有千金之玉卮，通而无当，可以盛水乎？"④古人释此"当"为"底"，所谓"玉卮通而无当"，即没有底的玉制器皿，自然是不可以盛放水的，基于以上对"当"的理解，"瓦当"便可释义为"瓦覆檐际者，正当众瓦之底，又节比于檐端，瓦瓦相盾，故有当名"（《辞海》）。也就是将瓦当视作整齐排列于檐端的筒瓦的瓦底。关于此种解释，部分学者存有异议，如陈直先生《秦汉瓦当概述》中所言："余谓瓦复于檐际，在众瓦之上，不在众瓦之底，以当训底，甚属牵强。"⑤与此同时，其援引班固《西都赋》中"裁金碧以饰珰"的记载，给出了"当"的另一种解释，即"珰"通"当"，为椽口出头之木，由于瓦当正位于椽头之上，故而得此名，汉司马相如《羽猎赋》有"华榱璧珰"之语，颜师古注曰：

①许慎撰，徐铉等校：《说文解字》，中华书局，2013年版，第269页。

②许慎撰，徐铉等校：《说文解字》，中华书局，2013年版，第292页。

③许慎撰，段玉裁注：《说文解字注》，中华书局，2013年版，第704页。

④高华平等译注：《韩非子》，中华书局，2015年版，第131页。

⑤陈直：《秦汉瓦当概述》，《文物》1963年第11期，第19-43页。

"橑，椽也。华，谓雕画之也。璧珰，一曰以玉饰瓦之当也。"①亦可佐证这一释义。与此同时，考古出土瓦当中亦有"长陵东裳"，得之于咸阳汉高祖长陵陵园以东，宋人李诚《营造法式·窑作制度·瓦》载："其名有二，一曰瓦，二曰裳。"②可知"裳"也可代指瓦当，基于以上的文献考证与考古发现，汉代"瓦""当""珰""裳"等均可单独使用以代瓦当应无疑义。除此之外，今人施蛰存先生也对"当"字进行解释，即"当字即挡的初文，是阻挡、遮挡、抵挡之义"。③由于瓦当装饰椽头，庇护屋檐，遮挡风雨，故而得名，则是依据瓦当的实用功能给出的解释，这也为我们理解古人将瓦当称之为"当"打开了新的思路。

汉代为瓦当发展的鼎盛时期，其时瓦当的制作水平和艺术造诣均达到顶峰，对于后世瓦当影响深远，两汉之后，相当长的时间内，瓦当之名仍继续沿用汉时制度，即以"瓦""当"或其相通之字代之。翻检史书，此类记载屡见不鲜。例如《晋书·石季龙载记》记载石虎所修太武殿及东西二宫"皆漆瓦、金铛、银楹、金柱、珠帘、玉壁，穷极伎巧"④，"铛"通"珰"，与"当"同义，"金铛"即"盖以金饰瓦之当也"。⑤《洛阳伽蓝记》卷一所载永宁寺："外国所献经像皆在此

①班固撰：《汉书》卷五七上《司马相如传》，中华书局，1962年版，第2557页。

②李诚撰；方木鱼译注：《营造法式译注》，重庆出版社，2018年版，第434页。

③陕西省考古研究所秦汉研究室：《新编秦汉瓦当图录》，三秦出版社，1986年版，第276页。

④房玄龄等撰：《晋书》卷一〇六《石季龙载记》，中华书局，2015年版，第2765页。

⑤司马光撰；胡三省注：《资治通鉴》卷九五《晋成帝咸康三年》，中华书局，1956年版，第3008页。

寺。寺院墙皆施短椽，以瓦覆之，若今宫墙也。"①北魏永宁寺院为灵胡太后所建，为当时等级规格最高的皇家寺院，寺墙亦效仿宫墙的建造式样和标准，椽头覆瓦，这从永宁寺出土的大量瓦当实物也可以得到验证。同时期的南朝也有类似的文献记载，如《宋书·周朗传》："又取税之法，宜计人为输，不应以赀。云何使富者不尽，贫者不蠲。乃令桑长一尺，围以为价，田进一亩，度以为钱，屋不得瓦，皆责赀实。民以此，树不敢种，土畏妄垦，栋焚榱露，不敢加泥。"②其中"屋不得瓦"与"栋焚榱露"相对应，榱即椽，可见此瓦亦覆椽之瓦，椽头则盖以瓦当。

魏晋以降，伴随制瓦工艺的改良，屋顶用瓦更为普遍，不惟皇家宫苑、祠庙寺院，不甚贫穷的普通百姓，其居室建筑中也多有用瓦的记载。《宋书·后妃传》记载："明帝贵妃，陈妙登，丹阳建康人，屠家女也。世祖常使尉司采访民间子女有姿色者。太妃家在建康县界，家贫，有草屋两三间。上出行，问尉曰：'御道边那得此草屋，当由家贫。'赐钱三万，今起瓦屋。"③至唐代，甚至远离统治中心的边远地区——广州，其民居建筑也开始用瓦。《旧唐书·宋璟传》载："广州旧俗，皆以竹茅为屋，屡有火灾。璟教人烧瓦，改造店肆，自是无复延烧之患，人皆怀惠，立颂以纪其政。"④此时，除单独出现的"瓦"字外，"屋瓦""材瓦""砖瓦"合用之例也较为普遍。例如，《魏

---

①杨衒之撰；范祥雍校注：《洛阳伽蓝记》，上海古籍出版社，2018年版，第5页。

②沈约撰：《宋书》卷八二《周朗传》，中华书局，1974年版，第2094页。

③沈约撰：《宋书》卷四一《后妃传》，中华书局，1974年版，第1296页。

④刘昫等撰：《旧唐书》卷九六《宋璟传》，中华书局，1975年版，第3032页。

书·李崇传》载："颇省永宁土木之功，并减瑶光材瓦之力。"[1]《新唐书·德宗纪》载："五月己未，大风发太庙屋瓦。"[2]瓦与材、砖、屋等合称，可见此时瓦已成为与木和砖同等重要的建筑材料，主要用于铺设屋顶。

及至宋代，李诚著《营造法式·瓦作制度·结瓦》记载："凡结瓦至出檐，仰瓦之下小连檐之上用燕颔版，华废之下用狼牙版……其当檐所出华头筒瓦，身内用葱台钉，下入小连檐，勿令透。"[3]华头筒瓦即建筑中瓦陇最前端用的一块筒瓦，依据其所在的位置，"华头筒瓦"所指正是瓦当，进而可知其为瓦当在唐宋时期的又一名称。除此之外，其后亦有称其为"瓦头"者，如元代李好文之《长安志图·杂说》有载："汉瓦，形制古妙，工极精致，虽尘壤渍蚀，残缺漫漶，破之如新。人有得其瓦头者，皆作古篆，以为华藻。其文有曰'长乐未央'，有曰'长生无极'，有曰'汉并天下'，有曰'储胥未央'，有曰'万寿无疆'，有曰'永奉无疆，'亦有作'上林'字者。"[4]这些正是汉代文字瓦当的典型纹饰，可知"瓦头"即为瓦当。

逮及明清时期，瓦当的名称又发生了新的变化。梳理史料，此时"瓦头"一词较为罕见，而多以"勾头"代之。例如，清工部《工程做法则例·歇山硬山各项瓦作做法》载："每坡每陇除勾头一件分位，

①魏收撰：《魏书》卷六六《李崇传》，中华书局，1974年版，第1472页。

②欧阳修等撰：《新唐书》卷七《德宗纪》，中华书局，1975年版，第198页。

③李诚撰；方木鱼译注：《营造法式》，重庆出版社，2018年版，第276页。

④李好文撰；辛德勇等点校：《长安志图》，三秦出版社，2013年版，第439页。

即得数目。"[①]其后李斗《扬州画舫录·工段营造录》亦有载："每陇每坡，除勾头分位，以得其数，瓦垂檐际。"[②]即通过探出檐头的瓦当数量来确定瓦陇的多少。除此之外，此时"钩头瓦""钩头筒"等亦用于指代瓦当。清人姚承祖《营造法原·屋面瓦作及筑脊》载："底瓦于檐口处置滴水瓦，盖瓦则置花边，筒瓦则连有圆片之钩头瓦，即古之瓦当。"[③]"凡花边、滴水、钩头筒，均烧有花纹，亦可设计定造。"[④]可知钩头瓦、钩头筒即覆于檐头最前端的带有纹饰当面的筒瓦，也就是瓦当。

依据前文论证，可知"瓦当"名称的由来及其在不同历史时期的特殊称谓，由此可按图索骥，梳理瓦当的起源与发展历程。

第二节 瓦当的起源与发展

一、瓦当的起源

探索瓦当的起源，首先需要确定建筑用瓦出现的时间，其有关的文献记载最早可追溯至夏代，至于首创之人，一说为夏桀，一说为昆吾氏。《史记·龟策传》载"桀为瓦室"[⑤]，《本草纲目·乌古瓦集

---

①清工部撰；吴吉明译注：《清工部工程做法则例注释与解读》，化学工业出版社，2018年版，第400页。

②李斗撰；潘爱平评注：《扬州画舫录》卷十七《工段营造录》，中国画报出版社，2014年版，第292页。

③姚承祖撰；祝纪楠编：《营造法原诠释》，中国建筑工业出版社，2012年版，第208页。

④姚承祖撰；祝纪楠编：《营造法原诠释》，中国建筑工业出版社，2012年版，第56页。

⑤司马迁撰：《史记》卷一二八《龟策传》，中华书局，2014年版，第3930页。

解》更是直言"夏桀始以泥坯烧作瓦"①，均认为瓦是夏朝末代国君桀所创。与之相应的，同于战国时期成书的《吕氏春秋》则记载"奚仲作车，苍颉作书，后稷作稼，皋陶作刑，昆吾作陶，夏鲧作城"②，则均将屋瓦首创之功归于昆吾氏。翻检史料可知，昆吾氏为夏伯，是当时的诸侯之长，更是夏朝统治坚定的拥护者，那么，即便昆吾氏为造瓦者，"是昆吾为桀作也"③，因此文献记载夏桀时出现建筑用瓦当无疑义。

尽管如此，截至目前，田野考古发现的夏商文化遗址中却始终未能寻觅到建筑用瓦的痕迹。作为我国迄今为止发现的最早的宫殿建筑遗址——河南偃师二里头宫殿遗址，其起始年代已测定为夏朝中晚期，正是传说中夏桀所在的时代，经考古发掘证实，其初步具备了"前朝后寝"的建筑格局，是一座坐北朝南、以殿堂为中心，十分壮观的大型宫室宗庙建筑群。即便如此，二里头宫殿遗址依旧未能摆脱原始的建筑形态，仍以木柱为支撑、夯筑为墙、茅草覆顶，而未见用瓦的痕迹。不唯如此，在其后将近五个世纪出现的河南安阳殷墟遗址中，虽然建筑的规模更为庞大，布局也更为规整，但依然未能改变"茅茨土阶"的原始形态，仍旧没有找到任何建筑用瓦的实物佐证。

建筑用瓦的实物资料最早发现于陕西扶风、岐山的西周时期的遗址，即所谓的"周原"。周原考古队自1976年开始，对岐山凤雏村宫室（宗庙）建筑遗址和扶风召陈西周大型建筑基址进行了考古发掘和清理，取得了关于西周时期建筑规模和建筑技术的丰富资料，仅建筑用瓦

---

①李时珍撰：《本草纲目》，人民卫生出版社，2004年版，第444页。

②陆玖译注：《吕氏春秋》，中华书局，2011年，第584页。

③司马迁撰：《史记》卷一二八《龟策传》，中华书局，2014年版，第3930页。

一项，出土数量庞大、种类丰富，可以具体划分为早、中、晚三期。同时，伴随着建筑用瓦的出现和发展，西周中晚期遗址出土了大量的纹饰瓦当，当面的外部形状均为半圆形，同时依据尺寸形制又可具体分为大、中、小三类。其中，大型瓦当边轮内饰一周重环纹，中心横饰重环纹。中型瓦当边轮内饰三周弦纹，再饰重环纹；中心饰同心圆纹，所附筒瓦背上饰蠨蟍纹，也有素面的。小型瓦当只发现素面一种，所附筒瓦背上饰蠨蟍纹。由于这些瓦当发现于西周中晚期地层，而且形制规整统一，多刻画简单纹饰，因而推测在此之前大型建筑中应该就已经开始使用瓦当了。自此以后，瓦当作为中国古代建筑中独具特色的重要构件，开启并经历了漫长的发展历程。

二、瓦当的发展

综观考古发掘出土的西周瓦当，形态古朴稚拙，纹饰朴实无华，展现出一种原始、朴素之美，揭开了中国瓦当艺术的序幕。及至周厉王时期，周厉王专擅山林川泽之利，钳制思想，导致政治黑暗，社会动荡。公元前841年，西周爆发了历史上"国人暴动"，自此王权逐渐走向衰落。此后虽有宣王短暂的中兴，但西周政权的颓势已难以挽回。公元前771年周幽王的统治被犬戎与申侯联合推翻，次年（公元前770年）周平王东迁洛邑，从此开启了新的历史阶段，史称春秋战国。此后直至公元前221年，秦始皇一统天下。五百余年间，周王室的权力与威势一落千丈，而西周早期分封的地方诸侯，经过前人的苦心经营，势力壮大，逐渐崛起，与日薄西山的周王室形成了鲜明的反差，在此期间，诸侯之间展开了激烈的角逐，大国争霸与兼并战争此起彼伏，春秋五霸、战国七雄先后登上历史舞台，春秋战国成为中国历史上最为动荡的一段历史。然而，割据纷争的政治形势，并未阻挡文化艺术的发展，为在激烈的争霸与兼并战争中立于不败之地，各诸侯国积极发展经济、延揽人才、开放学术，文化艺术由此走向兴盛，出现了"百家争鸣"的繁荣景象。

封建经济的发展、文化艺术的昌盛、生产技术的提高等诸多因素共同推动了瓦当的发展。此时，宫殿、苑囿、陵寝等大型建筑用瓦的现象更为普遍，因而在东周王城及列国都城的遗址中多有瓦当出土，主要集中于洛邑王城、齐国临淄、燕国下都、秦国雍城及咸阳、赵国邯郸等地。综观春秋战国时期的瓦当，其出土的数量和地域远超西周时期，同时在形制与纹饰上呈现出新的发展趋势：一是半圆形制虽依旧流行，但圆形瓦当已经出现并传播开来；二是素面瓦当虽也常见，但各类纹饰瓦当逐渐发展成为主流。与此同时，各诸侯国的瓦当虽然遵循着共同的发展趋势，然而在瓦当纹饰方面却各具鲜明的特色，如齐国的树木纹瓦当、燕国的饕餮纹瓦当、秦国的动物纹瓦当等，每种流行的纹饰都根植于其独特的文化背景，同时也蕴含着丰富的文化内涵。瓦当作为建筑构件和艺术载体，被深深打上了政治、地域、时代及民族的烙印。

"及至始皇，奋六世之余烈，振长策而御宇内，吞二周而亡诸侯，履至尊而制六合，执敲扑而鞭笞天下，威振四海。"[1]公元前221年，秦王政先后战胜关东六国，一统天下，结束了长达半个多世纪的分裂割据，建立了中国历史上第一个统一的多民族专制主义中央集权的封建王朝，此时包括瓦当在内的建筑艺术呈现出全新的发展景象。"秦每破诸侯，写放其宫室，作之咸阳北阪上，南临渭，自雍门以东至泾、渭，

---

①司马迁撰：《史记》卷四八《陈涉世家》，中华书局，2014年版，第1964页。

殿屋复道周阁相属。"①在都城咸阳仿建六国宫室建筑，从而将列国独具特色、多姿多彩的宫室建筑原封不动地保留下来，而瓦当作为重要的建筑构件自然亦不例外。因此，秦咸阳城是目前出土秦代瓦当最为集中的地区之一，这些瓦当不仅保留了六国原有的风格，同时也加入了秦国的文化元素，故而咸阳出土的瓦当纹饰呈现出多元化的特征，图像纹饰十分丰富，如动物纹、莲花纹、云纹等都较为常见。与此同时，秦"乃使蒙恬北筑长城而守藩篱，却匈奴七百余里；胡人不敢南下而牧马，士不敢弯弓而报怨"②。在全国归于一统的大背景下，秦始皇大兴土木，筑长城、修直道、作骊山陵，因而秦始皇陵、直道遗存以及辽宁绥中姜女坟等地也是出土秦代瓦当较多的地区。此时的秦朝"废先王之道，焚百家之言，以愚黔首；隳名城，杀豪杰；收天下之兵，聚之咸阳，销锋镝，铸以为金人十二，以弱天下之民"③。为巩固统一，秦破坏六国都城，销毁战争武器，实行文化专制，钳制百姓思想，受其影响，秦代瓦当也开始逐渐由多元走向统一，战国时期诸国丰富的图像纹饰逐渐减少，树木纹、饕餮纹等图像纹饰在咸阳之外的地区几乎不见，取而代之以日趋程式化的图案纹饰；同时，半圆形瓦当也不断减少，圆形瓦当逐渐占据主流，从而呈现出大一统王朝的磅礴气势。此时还出现了介于半圆形与圆形瓦当之间的大半圆夔纹瓦当，其造型奇特，气势宏伟，实为罕见，因而被誉为"瓦当王"。在政治统一、社会安定的背景下，秦代瓦当的形制与纹饰日趋规范和统一，这为汉代瓦当艺术的繁荣发展奠

---

① 司马迁撰：《史记》卷六《秦始皇本纪》，中华书局，2014年版，第239页。

② 司马迁撰：《史记》卷六《秦始皇本纪》，中华书局，2014年版，第280页。

③ 司马迁撰：《史记》卷六《秦始皇本纪》，中华书局，2014年版，第280页。

定了坚实的基础。

　　秦朝后期残酷暴虐的腐朽统治、繁重严苛的徭役刑法，导致其时民不聊生，政权难以为继，也最终成为王朝覆灭的导火索。公元前209年，陈涉、吴广于大泽乡首举义旗。"斩木为兵，揭竿为旗，天下云集响应，赢粮而景从。山东豪俊遂并起而亡秦族矣。"①农民起义迅速席卷天下，并在公元前207年最终推翻了秦朝统治。及至公元前202年，经过四年激烈的楚汉之争，刘邦最终战胜项羽，结束了两大军事集团的对立，建立了继秦之后的又一个大一统王朝——汉朝，此后直至公元220年，四百余年，是中国封建社会政治统一、相对安定的时期，为经济和文化的快速发展创造了良好的外部环境，建筑艺术也由此迎来了新的发展契机，"秦砖汉瓦"是对汉代达到中国历史上瓦当发展最为繁荣昌盛的顶峰阶段的高度评价和完美诠释。在秦朝瓦当的基础上，汉代瓦当无论在制作工艺、使用范围还是纹饰种类等诸多方面，都达到了中国古代社会的巅峰。汉朝初年，虽依旧存在半圆瓦当与素面瓦当，但圆形瓦当与纹饰瓦当无疑已完全占据了主体地位。汉武帝以后，随着瓦当制作工艺的改良，瓦当的质量和产量都得到了大幅提高，当面较之前代更大且光平，不再有切痕和棱角，生产工艺简化，瓦当产量提高，建筑中使用瓦当的现象也更加普遍，作为政治中心的长安、洛阳等地出土的汉代瓦当数量可观，主要集中于长安城遗址，以及帝后陵寝、官署和仓庾等建筑遗存之中。此外，在今天的河北、山东，甚至远离中原的广东、福建等地区亦有瓦当的出土。与此同时，汉代瓦当纹饰的种类也更加丰富，继承了前代流行的图像纹饰和图案纹饰，其中图像纹饰以四神纹最具特

---

①司马迁撰：《史记》卷四八《陈涉世家》，中华书局，2014年版，第1964页。

色，而图案纹饰则属云纹较为普遍。此外，文字纹饰也异军突起，当面文字少则一二，多则十数，多为阳纹篆书，一般为吉祥祝祷之语，亦有宫殿、官署、祠冢名称，文字而外，间以动物纹、云纹、绳索纹、网格纹等为边饰，文字瓦当布局匀称、线条流畅，展现了其时代背景与时人的精神诉求，文字瓦当的出现成为汉代瓦当最为显著的时代特征，标志着瓦当艺术自此进入鼎盛时期。

东汉中期以后，多为幼帝即位，皇室大权旁落，外戚、宦官轮流执掌政权，王朝自上而下贿赂公行，贪污成风，加之天灾连年，饿殍遍野，百姓易子而食，析骸而爨，最终在公元184年爆发了声势浩大的黄巾起义，其后虽被镇压下去，但地方豪强势力乘机崛起，军事实力不断增强，经过多年战争，最终形成了魏、蜀、吴三股较为强大的地方割据势力。公元220年曹丕称帝，建立了曹魏政权，随后蜀汉、孙吴政权相继建立，正式形成了三国鼎立的政治局面。公元265年，曹魏权臣司马懿之孙司马炎代魏自立，史称西晋。公元280年，西晋大举伐吴，最终实现南北统一。然而，统一的局面并未持续太长的时间，公元前317年，伴随着少数民族的内迁，加之政权内部的权力争夺，西晋政权迅速走向覆灭，自此北方进入十六国时期，少数民族政权纷纷建立。与之相应的，南方地区也相继确立了东晋、宋、齐、梁、陈政权的统治。及至公元581年，周静帝禅位于外戚杨坚，隋朝建立。自曹魏建立至此，三百五十余年，其间虽有短暂的统一，但分裂则是这一阶段的主要特征，历史上称之为魏晋南北朝，这是中国历史上战火连绵、割据分裂的时期。

南北政权对峙，朝代更迭频繁，局势动荡不宁，社会经济遭到严重破坏，加之战火的侵袭，大型建筑也多遭摧毁。因此，在经历了汉代的空前发展后，此时的瓦当艺术再不复汉代的繁荣景象。目前，出土此时瓦当较多的地区多为当时各政权的政治中心所在，如曹魏及东魏、北齐政权的都城——邺城，北魏政权的两个政治中心——平城和洛阳，以及南朝的政治中心"六朝古都"——建康。综观魏晋南北朝时期的瓦当，形制均为圆形，质地坚硬细密，纹饰也依旧涵盖了图像、图案与文字三大主要类型。需要注意的是，尽管此时各政权之间多有战争，但战争本身也推动了民族之间以及南北之间的文化交流，加之和平时期的遣使和联姻，魏晋南北朝也是中国历史上文化交流、碰撞、融合的重要阶段，佛教信仰在全国范围内的大流行就是有力的佐证，魏晋南北朝也是中国历史上佛教发展最为昌盛的阶段，依据史料记载，北魏时期仅洛阳城内就有寺院1367所，而"南朝四百八十寺"，也是此时南朝佛教兴盛的生动写照。伴随佛教文化在中土的流行与传播，各类器物的制作和生产也受到了佛教文化元素的影响，瓦当艺术的发展亦不例外，具体表现就是瓦当纹饰的变化，此时两种佛教圣物——莲花与神兽形象逐渐发展成为魏晋南北朝时期最为常见的瓦当纹饰。魏晋南北朝时期的瓦当，在继承汉代遗风的基础上，开创了莲花纹与兽面纹的先河，起到了承上启下的重要作用，对于后世隋唐、宋元乃至明清时期的瓦当纹饰均产生了重要的影响。

公元581年，周静帝禅位于外戚杨坚，北朝政权至此宣告完结。隋朝建立之时，南方尚处于陈朝统治之下，隋文帝采取措施积极备战，不仅铁腕镇压了政权内部北周宗室的反抗，同时还消除了政权外部突厥部族的威胁，公元589年，在完成灭陈的各项准备工作后，挥师南下，一举攻灭陈朝，结束了东汉以来三百余年的动荡纷乱局面。隋朝的建立再次开启了我国历史上封建大一统王朝盛世的序幕。然而，隋朝的统治也未持续长久，继位的隋炀帝大兴土木，营建东都洛阳，修筑京杭运河，三征高丽，六巡江都，不恤民力，导致社会矛盾激化，隋朝末年农民起义、地主夺权战争不断，此起彼伏。公元618年，关中贵族李渊父子最终推翻了隋朝的统治，建立新的封建王朝——唐朝，这是中国封建社会发展最为鼎盛的时期，"大唐盛世"说的就是唐代作为中国封建社会的黄金时期，政治稳定，疆域辽阔，文化繁荣昌盛。直至公元908年，节度使朱温自立，唐朝灭亡，至此，隋唐历史共延续了三百余年。

隋唐瓦当出土较多的地区主要集中于陕西长安城遗址、河南洛阳城遗址、江苏扬州唐城遗址、河北邯郸常乐寺遗址等。此外，在四川、吉林、内蒙古、云南、新疆等地的唐代遗址中亦有瓦当的出土，可见其时瓦当使用的普及。综观隋唐时期的瓦当，形制依旧为圆形，与前代瓦当相较，其边轮较宽，因而纹饰面积相对较小，至于瓦当的纹饰，此时图像纹饰成为主流，其中前期盛行莲花纹饰，后期则兽面纹饰比较常见，折射出隋唐时期佛教文化的兴盛，与之相应的，此时的图案瓦当和文字瓦当都较为罕见。可以说，隋唐瓦当是魏晋南北朝瓦当的延续，其在瓦当的艺术性、装饰性上并没有太多的创新，再难恢复汉代瓦当艺术发展的繁荣景象。

安史之乱是唐朝由盛转衰的重要转折点，唐朝中后期，各地节度使掌握兵权，割据一方，成为集权统治的离心力量。同时，朋党之争、宦官执权等统治集团内部的权力争夺也极大削弱了唐朝的统治，加之天灾连绵，经济衰退，社会矛盾不断激化，公元884年黄巢起义爆发，极大冲击了唐政权的统治，在镇压农民起义的过程中，朱温逐渐掌握了唐朝的最高统治力量，皇权名存实亡。公元908年，朱温废唐哀帝自立，建立了梁朝，史称后梁，其统治区域局限于北方，且政权极不稳固，地方割据势力依旧强大，政权更迭频繁，唐、晋、汉、周等政权相继代立，此时南方亦十余政权分立，史称五代十国，这也是政权割据分裂的混乱时期，其在政治和文化上均无太多建树。公元960年，后周大将赵匡胤黄袍加身，建立宋朝，此后十余年间，先后消灭了南方诸政权。然而，唐朝覆灭后，契丹、党项、女真、蒙古等北方少数民族逐渐强大，先后建立了辽、西夏、金、元等政权，军事实力不容小觑，对中原地区虎视眈眈，成为威胁宋朝统治的心腹大患，宋朝自建立之初便与北方少数民族政权之间的战争不断，但多以失败告终，节节败退，赔款割地求安。公元1279年，元朝挥师南下，攻克都城临安，南宋政权至此终告完结，结束了唐末以来长期动乱纷争的局面，统一多民族国家得到进一步巩固，元朝统治者致力于开拓疆土，其军事势力甚至远达西伯利亚地区，此时中国疆域超越了历代封建王朝。

宋、辽、金、元统治四百余年间，经济与文化高度繁荣，建筑艺术亦发展迅速，我国古代建筑技术与艺术的集大成之作——《营造法式》即成书于此时。然而，伴随建筑艺术的成熟，宋代建筑装饰更注重在"小木作"方面，普遍追求门窗、栏杆及室内隔扇、天花等的装修艺术之精美。瓦当遮护椽头之作用尤其是装饰功能渐趋退化。瓦当的使用虽很普遍，但瓦面体积缩小，品种单调。受其影响，辽、金、元时期的瓦当亦无太多建树。宋、辽、金、元瓦当出土最为集中的地区依旧是各政权的政治中心所在和主要活动区域，如辽代以内蒙古为活动中心呼和浩特、巴林右旗、赤峰、林东等地区；金代活动的东北黑龙江的肇东、克东、齐齐哈尔，吉林的长春等地；辽、金、元均建为都城的北京；北宋西京（今洛阳）、南宋都城临安（今杭州），西夏都城所在地的银川以及河南嵩山北麓的北宋皇陵遗址；等等。至于其纹饰，则延续了隋唐时期的莲花纹与兽面纹。值得注意的是，金代瓦当中出现了龙纹式样，这为明清时期龙纹瓦当的发展奠定了基础。

元朝末年，统治集团内部权力争夺激烈，阶级矛盾、民族矛盾不断激化，农民起义风起云涌。公元1368年，朱元璋在应天（今南京）称帝，建立明朝。公元1421年，明成祖朱棣将都城迁往北京，励精图治，开创了永乐盛世。明朝中后期，宦官执权，统治集团贪污腐败，盘剥百姓，社会矛盾尖锐，农民起义此起彼伏，盘踞东北的女真族也乘势崛起，建立后金政权。1636年皇太极称帝，改国号为"清"，成为明朝统治最大外部威胁。公元1644年，李自成率领的农民起义军攻陷北京，万历皇帝自缢于煤山，同年，清军挥师入关，此后二十年间，平定三藩、收复台湾，实现统一，这是中国历史上最后一个封建大一统王朝。及至康、雍、乾三帝时发展至鼎盛，盛极而衰，此后专制主义中央集权的清政府逐渐走上闭关锁国的道路，鸦片战争后，中国成为外国资本主义的原料产地和倾销场所，国势一落千丈，直至公元1912年，清帝溥仪颁布退位诏书，清朝灭亡，延续了两千多年的封建统治至此终结。明清时期是中国古代封建社会最后辉煌的时刻，尤其前期国力强盛，文化繁荣，然而，形成鲜明反差的是，明清瓦当艺术却未能重现秦汉瓦当的发展盛况，瓦当艺术在魏晋南北朝以来的颓势难以逆转，明清时期，无论是瓦当形制，抑或瓦当纹饰，都无太多创新之处，逐渐形成了两极分化的趋势：皇家宫殿、御苑建筑依据建筑等级使用各色琉璃龙纹瓦当，而民居建筑则继续沿用兽面纹瓦当和花卉纹瓦当。

综上所述，瓦当出现的时间可追溯至西周，春秋战国则是其发展的重要阶段，及至秦汉，瓦当艺术发展至顶峰，然而盛极转衰，三国魏晋南北朝至明清，漫长的历史时期则是其逐渐走向衰落的缓慢历程。梳理瓦当的发展历史，其作为重要的建筑构件，见证了中国古代建筑的兴衰沉浮，同时也折射出不同时期政治与文化的变迁，与延绵久远的中国古代历史相始终。

第三节　瓦当的功能与意义

一、瓦当的实用功能

自有巢氏"构木为巢"始，便奠定了木料作为中国古代建筑重要材料的主基调，在漫长的古代历史中，"大兴土木"也成为工程建设的代名词，足见木料对于中国古代建筑的重要意义，这也是中国古代传统建筑与西方早期建筑在选材方面的主要区别。相较于西方早期的石制建筑，中国古代的木制建筑在抗震性能、艺术表现及建造速度等方面均具有显而易见的优势，同时也存在着不容忽视的弊端，比如，相对于石制建筑，木制建筑更容易遭受雨雪、雷火、生物等自然灾害侵袭，以及战争、失火等人为因素的破坏，这也是木制建筑难以长久保存的关键原因。然而勤劳、智慧的中国人民，在长期建筑实践的基础上，为了克服和弥补木制建筑存在的缺陷和不足，创造了众多行之有效的技术方法，瓦当便是古代劳动人民保护木制建筑的伟大创举之一。

众所周知，雨雪对于古代木制建筑的影响极大，这种影响可能是突发的、一次性的破坏，也有可能是积久的、潜移默化的侵蚀，长期处于雨雪及潮湿状态下的木制建筑，极易发生腐朽、溃塌，也更易引发微生物的侵蚀，因此防水防潮的成功与否成为古代木制建筑能否长久保存的重要影响因子。而作为遭受雨水冲刷最为集中和严重的椽头部位，其防水封护尤为重要，不容忽视，基于此种客观的需要，瓦当随之产生并发展开来。瓦当产生之初，其首要功能就是封护椽头，庇护屋檐，遮挡风雨，使之免受日晒雨侵，从而延长建筑存续的时间。瓦当的这种实用功能，从其名称由来亦可管窥一二，今人施蛰存先生就认为"当字即挡的初文，是阻挡、遮挡、抵挡之义"①，正是对瓦当产生之初其实用功能的高度概括和生动写照。与此同时，瓦当的实用功能也是推动其后期形制发生变化的主要因素之一，为了更好地保护椽头，增大封护面积，春秋战国时期，瓦当由最初的半圆形逐渐发展成为大半圆形和圆形，并且这种圆形的形制在秦汉时期逐渐取代半圆形，成为瓦当形制的主流，一直沿用至明清时期。

除此之外，瓦当的存在还具备统计学上的功能，如清代李斗《扬州画舫录·工段营造录》所载："每陇每坡，除勾头分位，以得其数，瓦垂檐际。"②一件瓦当代表一陇筒瓦，可以通过探出檐头的瓦当数量来确定筒瓦瓦陇的多少，同时，对于瓦当位于每陇筒瓦的位置，用瓦钉予以固定，所以瓦当也起到了加固筒瓦的作用，这也正是瓦当实用功

①陕西省考古研究所秦汉研究室：《新编秦汉瓦当图录》，三秦出版社，1986年版，第276页。

②李斗撰；潘爱平评注：《扬州画舫录》卷十七《工段营造录》，中国画报出版社，2014年版，第292页。

能之一。

二、瓦当的装饰功能

苏联美学家莫·卡冈认为，艺术存在的最早形式正是从非艺术向艺术过渡的形式，它具有双重质的规定性和双重功能性。指出原始艺术具有复功能性，是实用与审美的结合，而瓦当的功能也正是沿着这一发展轨迹演变的，如果说早期的素面瓦当体现的是瓦当在古代建筑中封护椽头、遮风挡雨的实用功能，那么纹饰瓦当则兼具实用和装饰功能。目前，考古发掘出土的最早的瓦当实物——西周瓦当，便是饰有重环纹、黼黻纹的纹饰瓦当。因此，可以说古代瓦当自产生之初，就是实用性与艺术性有机结合的物质载体。至于"华榱壁珰""裁金碧以饰珰"，古代描述瓦当时所用的优美文辞，正是其时瓦当具备装饰功能的正面写照。而且，在瓦当发展的历史中，其装饰功能逐渐凸显，甚至最终超越了实用功能，成为瓦当最为主要的功能，瓦当的艺术性也逐渐取代实用性，成为人们关注的重点，装饰椽头、美化建筑，体现建筑等级及时代、地域和民族的文化特征，也由此成为瓦当的主要功能之一。

瓦当的装饰功能主要通过瓦当的形制、材质与纹饰等得以发挥和展现。相较于最初的半圆形瓦当，圆形和大半圆形瓦当无疑赋予了设计者更大的创作空间，可容纳的纹饰更为丰富，表现形式更加多样，也更符合观赏者的视觉本能需求和心理审美追求，因此，瓦当形制的转变一定程度上也提升了瓦当的装饰功能。除此之外，瓦当的材质除常见的灰陶外，还增加了琉璃和金属两类。相较于灰陶瓦当，琉璃瓦当和金属瓦当的色泽鲜艳，耀眼夺目，凸显了建筑的规模和等级，烘托了庄严、宏大的建筑气派，也是瓦当装饰功能的重要体现。与此同时，瓦当纹饰则是其装饰功能最为外在的表现形式，相较于素面瓦当，以及早期古朴稚拙、构图相对简单的纹饰瓦当，战国、秦汉、魏晋、隋唐、明清时期的瓦当，其在纹饰方面得到了长足的发展，最终形成了图案、图像、文字等三大纹饰类型，集绘画、雕刻、书法等多种艺术形式于一体。通过梳理和观察目前考古发掘出土的古代瓦当，其间艺术精品屡见不鲜，具备较高的艺术价值，各类纹饰争奇斗艳、变幻莫测，图像写实生动，特征显著，图案则线条流畅、富于变化，字体则行云流水、布局多样。丰富多彩、变化万千的纹饰瓦当极大地装饰和美化了古代建筑，也体现了时人的艺术品位和审美意趣。

瓦当是中国古代重要的建筑构件，在封护椽头、遮蔽风雨及加固筒瓦等方面发挥了不可替代的作用，与此同时，瓦当也是实用性与艺术性有机结合的物质载体，其独特的造型、丰富的材质、精美的纹饰都无疑起到了装饰和美化建筑的重要作用，也正是如此，瓦当承载了时代特征、地域民族、宗教信仰、审美意趣等多重文化寓意，所以，对于古代瓦当的相关研究，同样也具有历史学、考古学、民族学等方面的重要意义。

第四节　瓦当的主要类别

作为中国古代建筑的重要构件，瓦当集实用功能与装饰功能于一体，瓦当的文献记载始于夏朝，而实物则出现于西周时期，此后历代均有瓦当的制作与使用，一直延续到清朝灭亡。在三千余年的历史中，瓦当并非一成不变，而是经历了漫长的发展演变的历史过程，在外观形制、制作材质及图绘纹饰等方面都发生了极大变化，这些变化与瓦当功能的转变存在密切的联系，同时又与不同时期的政治环境、文化背景及制作技术的发展等存在一定关系。因此，研究瓦当的主要类别能够为深入了解其所处时代的历史背景打开新的思路。依据不同的标准，古代瓦当可以划分为以下类别。

一、形制类别

形制即物体的基本形状与构造，古代瓦当依据形制可划分为半圆形、圆形与大半圆形三种基本形制。其中，半圆形瓦当和圆形瓦当较为常见，而大半圆形瓦当目前仅在秦代的遗址中有所发现。

在瓦当产生与发展的历史中，半圆形瓦当的出现最早，如在陕西扶风、岐山的西周中晚期遗址中发现的瓦当均为半圆形。及至春秋战国时期，虽已出现圆形瓦当，但半圆形瓦当在列国仍占据主流，如齐国的树木纹瓦当、燕国的饕餮纹瓦当，以及目前出土的多数素面瓦当，均为半圆形制。及至西汉时期，圆形瓦当快速发展，尽管此时半圆形瓦当依旧常见，但渐呈衰落之势，圆形瓦当逐渐取而代之，典型表现即此时最具特征的文字瓦当绝大多数为圆形。逮及东汉时期，几乎再不见半圆形瓦当，此后直至明清时期，圆形成为瓦当的唯一形制。瓦当形制由半圆形向圆形的转变，或与其实用及装饰功能的发展密切相关，相较于半圆形瓦当，圆形瓦当的当面增大，使得其对于椽头的保护面积增加，也为瓦当纹饰的图绘创造了更加广阔的空间，圆形瓦当的空间更大，可容纳的纹饰更丰富，所表现的艺术形式也更加自由，同时，瓦当制作工艺的进步，也使得圆形瓦当取代半圆形瓦当成为可能。

　　半圆形与圆形是瓦当发展过程中最为常见的两种形制，除此之外，秦朝时期还出现了大半圆形瓦当，主要出土于陕西秦始皇陵北2号建筑基址与辽宁绥中"姜女坟"建筑遗址，尽管其数量较少，在历史发展的长河中也是一瞬而逝，不见于其他朝代，但其庞大的形体、独特的造型，以及方折刚劲的夔纹线条，体现了大秦王朝吞灭六国、一统天下的磅礴气势，在瓦当发展的历史中独树一帜。

二、材质类别

　　材质即器物制作所用材料的质地，古代瓦当的材质主要包括灰陶、琉璃及金属等三种基本材质。

　　灰陶瓦当出现的时间最早，考古发现西周时期所用瓦当均为灰陶质地，隋唐之前，即便是等级较高的宫殿、陵寝、官署建筑使用的亦为灰陶瓦当，一直延续到明清时期，民居所用瓦当也多为灰陶所制，因此灰陶瓦当是中国历史上使用时间最久、使用范围最广的瓦当。

　　琉璃瓦当则是在泥质瓦坯基础上施以不同釉质烧制而成的，其兴起及发展当在隋唐时期，《大唐新语》就记载了这样一则史事："（苏长）尝侍宴披香殿，酒酣，奏曰：'此殿隋炀帝之所（作耶）？何雕丽之若是也？'高祖曰：'卿好谏似直，其心实诈。岂不知此殿是吾所造，何须诡疑是炀帝乎？'对曰：'臣实不知，但见倾宫、鹿台，琉璃之瓦，并非受命帝王节用之所为也。'"[①]可见其时在等级较高的宫殿建筑中已经采用琉璃瓦当，然而由于此时琉璃瓦当制作工艺复杂，因而其

---

　　①刘肃等撰；恒鹤等点校：《大唐新语》卷二《极谏》，上海古籍出版社，2012年版，第16页。

使用并不普及，被视为一种奢侈品。逮及明清时期，伴随琉璃瓦当制作工艺的进步，宫殿、御苑、府衙等高等级建筑开始普遍使用琉璃瓦当，而且琉璃瓦当色彩种类更加丰富，黄、绿、黑等颜色的琉璃瓦当被赋予等级化的意味，依据建筑的等级使用不同色彩的琉璃瓦当。

除此之外，在瓦当发展的历史过程中，还出现了金属质地的瓦当，包括铸铁瓦当、黄铜瓦当和抹金瓦当等。《弘明集》载："'……其有辄铸铜制、辄造寺舍者，皆以不承用诏书律论，铜宅材瓦悉没入官'奏可。"①可见其时金属瓦当较为流行。《宋史》亦有"三佛齐请铸铜瓦三万"②的记载，从出土的金属瓦当形制看，其与灰陶、琉璃瓦当并无二致，然而在历史发展的长河中，金属瓦当并不常见，考古发现其主要出土于宋、元、明、清的个别建筑，其中尤以佛教建筑最为常见。

三、纹饰类别

纵观瓦当三千余年的发展历史，纹饰的演变是其发展的主旋律，古代瓦当依据纹饰的有无可划分为素面瓦当与纹饰瓦当。

素面瓦当主要出现于瓦当兴起之初，此后，伴随着瓦当制作工艺的进步和人们审美情趣的提升，纹饰瓦当成为瓦当发展的主流。无论是在瓦当最早出现的西周时期，还是最终衰落的明清时期，瓦当纹饰都根植于其特殊的文化背景，展现其不同的时代和地域特征，每个时期的瓦当纹饰都深深地打上了不同时代审美文化的烙印，而同一时代的瓦当纹饰

①刘立夫等译注：《弘明集》卷十一《答宋文皇帝赞扬佛教事》，中华书局，2013年版，第713页。

②脱脱撰：《宋史》卷四〇〇《汪大猷传》，中华书局，1985年版，第12145页。

又因不同地域文化表现出不同的审美文化色彩。因此，针对瓦当纹饰类别的研究，对于剖析其文化背景及人们的审美观念、精神诉求具有重要意义。

依据瓦当纹饰的内容和形式，瓦当纹饰又可分为图案纹饰、图像纹饰和文字纹饰三种类型。

图案纹饰，是对现实生活中具体形象的高度提炼和抽象，是图画艺术的最高阶段。它运用几何线条简略地加以勾勒，是线的艺术。图案纹饰不仅是瓦当最早采用的纹饰类型，也是占比最高的纹饰类型。陕西扶风、岐山的西周中晚期遗址出土的瓦当，其上所绘的重环纹、弦纹均为图案纹饰，此后战国时期盛行的轮辐纹、葵纹，秦汉盛行的各类云纹、夔纹、几何纹等亦属图案纹饰。

相较于图案纹饰，图像纹饰更加具体化和形象化，其表现的多为生活中常见的动物、植物、人物或者三者之间随机组合的形象，如战国时期秦国的动物纹、齐国的树木纹、燕国的饕餮纹，汉代的四神纹，隋唐及宋代的莲花纹、兽面纹，以及明清时期的龙纹等。汉代以后，图案纹饰与文字纹饰走向衰落，而图像纹饰则成为魏晋南北朝时期及其之后瓦当纹饰的重要类型。

文字纹饰最早出现于战国时期，早在齐国临淄遗址中便出土了"天齐"文字瓦当，然而此时的文字瓦当极为罕见，属于个别现象。文字纹饰的迅速发展当是在西汉时期，在目前出土的汉代瓦中，文字瓦当占据多数，其字数从1至12字不等，其中又以四字瓦当最为多见，唯不见11字瓦当，字体多为阳纹篆书，内容则多为宫殿、御苑、祠庙、官署、姓氏的名称，或祈祷、诅咒之语，为研究历史地理以及时人精神诉求提供了直接、可靠的实物资料。东汉以后，文字纹饰日趋衰落，出土的文字瓦当数量随之减少，魏晋南北朝时期受外来佛教文化的影响，莲花纹、兽面纹成为瓦当纹饰的主流，文字纹饰更趋没落，尽管如此，依旧可以发现少量这一时期的文字瓦当，如北魏平城遗址中"万岁富贵"和"传祚无穷"瓦当，字体多为隶书，布局更加程式化，隋唐以后，文字瓦当更为罕见，及至明清时期仅见少量"寿"字纹瓦当。

在瓦当发展的历程中，不仅形制、材质发生了变化，瓦当纹饰的演变亦不容忽视，不同时期的瓦当纹饰深受此时文化背景的影响，为历史研究提供了丰富的实物佐证。

第五节　瓦当的制作与管理

一、瓦当的制作

通过梳理古代瓦当发展的历史不难发现，不同历史时期的瓦当，其在形制、材质及纹饰等方面存在着较大的差异。然而，瓦当的制作方法及工序则大体一致，只是在个别细节的处理上稍有不同。以灰陶瓦当为例，其生产需要先后经过选材、造型、续接、切割以及烧制等五道工序。

一是瓦当材料的选取。制作灰陶瓦当，土料的品质对于瓦当质量起到至关重要的作用，具体要求是土色纯黄、黏性较强，同时土壤杂质少、颗粒粗细均匀，以确保后期制作出的瓦当在经过烧结后，质地坚固致密，具备良好的防水性能，能够起到有效保护椽头的作用。如果土壤中的杂质较多，则需要对其加以淘洗和过滤，除此之外，由于受到古代交通运输条件的限制，制作瓦当多就地取材，其取土地点一般都距离烧制瓦当的窑场较近，以便于土料的运输。由此可知，古代制作瓦当材料的选取主要着眼于土质与运输距离。

二是当面与瓦身造型。瓦当主要由当面与瓦身两部分构成，土料选取确定后即开始当面与瓦身的造型，古代瓦当的造型方法主要包括泥条盘筑法和模制法等。秦汉之前，灰陶当面的制作最早均采用泥条盘筑法，表面使用陶拍反复拍打，修整平滑，至于当面纹饰，则在当面制作完成后，直接刻画或模印而成。此后，随着瓦当纹饰逐渐复杂化以及瓦当制作工艺的改进，秦汉瓦当的当面开始采用陶范翻制而成，从而提高了当面的制作效率，同时也提高了纹饰制作的规格和质量。在当面翻制之前，陶范底部一般要铺撒少量的草木灰，以便于后期的成品脱模，保证纹饰最佳的视觉效果，以这种方法制作的当面，背后往往保留有脱模时拇指按压的椭圆形小坑，又称"指窝"，至此，当面制作方法完成了由泥条盘筑法向模制法的转变。与之相应的，瓦身的制作方法也经历了类似的转变历程。西周时期，瓦身即筒瓦亦采用泥条盘筑法制作而成。及至汉代，制作瓦身则开始采用模制法，出于方便后期脱模的考虑，一般会在内模与筒瓦之间使用麻布等材料进行衬垫，这种方法可使瓦身的内壁印有纹饰，也体现了古代制瓦技术的革新。

三是续接当面与瓦身。在当面与瓦身分别制作完成后，需要将其续接在一起。在最初的续接阶段，筒体凸出当面的部分则是瓦当的边轮。战国至西汉初期，瓦当边轮的制作更加精细化，其制作方法主要有两种：一种是模制法，也就是使用有边轮的当范模印瓦当的当面，这个过程可以直接模制出边轮；另一种是泥条盘制法，也就是在没有边轮的当范模印后，用泥条盘筑法制作出边轮。至于当面与瓦身的续接方式，则主要通过泥条将当面与瓦身连接，接缝处用手抹平，使当面与瓦身连接成为一个整体。

四是进行瓦当的切割。这一过程所用到的切割工具主要有刀具、细绳及竹片等，不同的工具呈现的切割效果各有不同：使用刀具切割瓦当，虽然简便易行，但刀锋锐利，更容易在工匠旋转刀锋时产生偏移；而使用细绳和刀片切割，可以避免切割时锋刃导致的误差，切割厚度更加均匀，但由于刃部厚钝，切割出的剖面多不规整。至于切割的方法，早期半圆形瓦当相对简单，主要是使用刀具、细绳、竹片等工具，将完成续接的瓦当从筒瓦的另一端纵向勒切为两半即可，从而同时得到两个完全相同的半圆形瓦当。至于后期出现的圆形瓦当，其切割方法则比较复杂，从出土资料看，主要包括先横切再纵切和先纵切再横切两种方式，即先从筒瓦的另一端纵向切至当背处，再横切出一半筒瓦，或者先从当背处横切，再均匀纵切出一半筒瓦，这两种方法常见于西汉前期出土的瓦当。及至西汉中期，依据出土瓦当的实物资料判断，此时瓦当的制作工艺发生了质的飞跃，在当面和瓦身分别制作完成后，先将瓦身即筒瓦切割成两个半瓦，然后将半瓦直接与当面连接，通过这种方法制作出来的瓦当不仅当背没有切割的痕迹，而且对之前当面与瓦身先续接后切割的制作流程进行了简化，大大提高了瓦当生产效率。

五是瓦当焙烧。在完成续接和切割的流程之后，需要将瓦当坯放置在通风、阴凉处阴干、晾晒，随即入窑烧造，经过高温的焙烧，使之坚固耐用。依据史料所载，古代烧制瓦当的燃料主要为木炭或木材，正如《金楼子》所载："成瓦者炭，而瓦不可以得炭；润竹者水，而竹不可以得水。"①《大同纪事》亦有"伐材木烧灰瓦"的记载。受当时交通运输条件的限制，制瓦窑场多建于工程附近地区，或就地取材，或交通便利，即华峤《汉后书》中载董卓之言，曰："武帝时居杜陵南山下，有成瓦窑数千处，引凉州材木东下，以作宫室，为功不难。"②至于城市之中的建筑则多就地建窑，因此《唐会要》载开元十九年（731年）六月敕令："京洛两都，是惟帝宅，街衢坊市，固须修筑，城内不得穿掘为窑，烧造砖瓦，其有公私修造，不得于街巷穿坑取土。"③明令禁止在长安、洛阳二都内不得建窑烧瓦，也间接反映了其时都城之内瓦窑数量较多的现实。

二、瓦当的监管

在周代"工商食官"制度下，瓦当生产作为手工业生产部门之一，其自产生之初就受到严格的管控，此后历代对于瓦当的生产与使用，也多有相关的监管制度，并设置了专门职官负责施行。

《周礼·冬官考工记》中有"匠人营国"的记载，其时匠人"门阿之制，以为都城之制。宫隅之制，以为诸侯之城制"④。可知，当时都城、宫殿、王城等大型工程的建设者统称为匠人，而作为建筑构件之一的瓦当自然也由匠人负责生产和管理。秦汉时期，执掌工程建设的职官被称为将作少府或将作大匠，职责为"掌治宫室"，其下设置各级属

①萧绎撰：《金楼子》卷四《立言篇上》，中国书店，2018年版，第199页。

②陈寿撰；裴松之注：《三国志》卷六《魏书六·董卓传》，中华书局，1982年版，第176页。

③王溥撰：《唐会要》卷八六《街巷》，中华书局，1955年版，第1575页。

④杨天宇译注：《周礼》，上海古籍出版社，2004年版，第670页。

官，秦汉时期正是瓦当发展的鼎盛阶段，大型宫室、陵寝、府邸等工程建筑广泛使用瓦当，因而此时当由将作少府或将作大匠及其属官管理包括瓦当在内的各类建筑材料。汉末王莽时，"坏彻城西苑中建章、承光、包阳、大台、储元宫及平乐、当路、阳禄馆，凡十余所，取其材瓦，以起九庙"①。可见，此时国家将瓦当的生产与使用权牢牢掌握在手中。

魏晋南北朝直至隋唐时期，将作大匠仍是主管建筑材料的官员之一，贞观二十一年（647年）唐太宗"遣将作大匠阎立德，于顺阳王第取材瓦以建之（太和宫）"②。与此同时，中央机构中三省六部制也于唐代逐渐形成并最终定型，其中，负责工程建设的机构为尚书省下设的起部，唐武德年间改称为工部，其长官有尚书、郎中、员外郎等，形成了其与将作大匠共同执掌工程建设的局面。"凡京都营缮，皆下少府、将作共其用，役千功者先奏。"③既然起部（工部）负责工程的具体实施，那么建筑材料的管理亦为其职责之一，其中自然也包括瓦当，正如《魏书》所载："（杜铨）子遇，字庆期。起家奉朝请。转员外散骑侍郎、尚书起部郎中，窃官材瓦起立私宅，清论鄙之。"④这一时期，对于工程所需的瓦当，帝王会选拔官员先行测算。"齐文宣营构三台，材瓦工程，皆崇祖所算也。"⑤北齐文宣帝时邺城三台所需材瓦均由李崇祖负责计算，而对于工程拆除下来的瓦当，也依汉制，由国家统一进行

①班固撰：《汉书》卷九九下《王莽传》，中华书局，1962年版，第4162页。

②王溥撰：《唐会要》卷三十《太和宫》，中华书局，1955年版，第551页。

③欧阳修等撰：《新唐书》卷四六《百官志》，中华书局，1975年版，第1201页。

④魏收撰：《魏书》卷四五《杜铨附杜遇传》，中华书局，1974年版，第1019页。

⑤李延寿撰：《北史》卷八一《儒林传》，中华书局，1974年版，第2726页。

调配和再利用，孙权赤乌十年（247年）"诏徙武昌宫材瓦，以缮治建康宫"[1]。北周武帝诏令："诏伪齐东山、南园及三台，并毁撤。瓦木诸物凡入用者，尽赐百姓。"[2]对于地方官员私自盗用瓦当的行为，则会受到严厉的惩罚，北魏朝臣崔暹"性猛酷，少仁恕，奸猾好利，能事势家。初以秀才累迁南兖州刺史，盗用官瓦，赃污狼籍，为御史中尉李平所纠，免官"[3]。奚康生"转泾州刺史，以辄用官炭瓦，为御史所劾，削除官爵"[4]。这些都体现了历代政权对于瓦当的严格管控。

宋辽金时期，随着封建政权官僚机构日渐完善与庞大，职官的具体执掌也渐趋明确和固定。宋承唐制，宋朝主管工程建设及建筑材料的机构仍为尚书省下设的工部与将作监，《宋史·职官志》载工部："掌天下城郭、宫室、舟车、器械、符印、钱币、山泽、苑囿、河渠之政。凡营缮，岁计所用财物，关度支和市；其工料，则饬少府、将作监检计其所用多寡之数。凡百工，其役有程，而善否则有赏罚。"[5]其时工部总览营建之权，具体负责瓦当生产的机构，前期当为三司修造案，其"掌京城工作及陶瓦八作、排岸作坊、诸库簿帐，勾校诸州营垒、官廨、桥梁、竹木、牌筏"[6]。及至元丰官制改革后，则为将作

---

①陈寿撰；裴松之注：《三国志》卷四八《吴书三·孙亮传》，中华书局，1982年版，第1152页。

②李延寿撰：《北史》卷一〇《武帝纪》，中华书局，1974年版，第367页。

③魏收撰：《魏书》卷八九《酷吏传》，中华书局，1974年版，第1925页。

④魏收撰：《魏书》卷七三《奚康生传》，中华书局，1974年版，第1631页。

⑤脱脱撰：《宋史》卷一六三《职官志》，中华书局，1985年版，第3862页。

⑥脱脱撰：《宋史》卷一六三《职官志》，中华书局，1985年版，第3809页。

监，"监掌宫室、城郭、桥梁、舟车营缮之事"①，此时的将作监下，又设窑务，"掌陶为砖瓦，以给缮营及瓶缶之器"②，可知此时还出现了专门执掌瓦当生产的职官。此后，历代政权中均设置专官以掌瓦材生产制作，《元史·百官志》载："大都四窑场。秩从六品。提领、大使、副使各一员，领匠夫三百余户，营造素白琉璃砖瓦，隶少府监，至元十三年置。"③包括南窑场、西窑场及琉璃局在内，均为政府直接监管下的官窑，负责官用砖瓦和白琉璃瓦的生产。此外，还设立有"泥瓦局，大使、副使各一员。至元七年置"④，亦为此时砖瓦生产的监管机构及官员。

逮及明朝建立，其官制"沿汉、唐之旧而损益之"⑤。这一时期，工部下设营缮司，是掌管工程建设和建筑材料的主要机构，除此之外，明朝中后期宦官执权，其中内官监"掌木、石、瓦、土、塔材、东行、西行、油漆、婚礼、火药十作，及米盐库、营造库、皇坛库，凡国家营造宫室、陵墓，并铜锡妆奁、器用暨冰窖诸事"⑥。建筑所需瓦当亦由其加以监管，至于官用砖瓦的生产，此时"在外临清砖厂，京师琉璃、黑窑厂，皆造砖瓦，以供营缮"⑦。

清朝建立，沿袭前代官制，工部之下亦设营缮司，"掌营建工作，

①脱脱撰：《宋史》卷一六五《职官志》，中华书局，1985年版，第3918页。
②脱脱撰：《宋史》卷一六五《职官志》，中华书局，1985年版，第3919页。
③宋濂等撰：《元史》卷九○《百官志》，中华书局，1976年版，第2281页。
④宋濂等撰：《元史》卷八九《百官志》，中华书局，1976年版，第2254页。
⑤张廷玉等撰：《明史》卷七二《职官志》，中华书局，1974年版，第1729页。
⑥张廷玉等撰：《明史》卷七四《职官志》，中华书局，1974年版，第1819页。
⑦张廷玉等撰：《明史》卷八二《食货志》，中华书局，1974年版，第1998页。

凡坛庙、宫府、城郭、仓库、廨宇、营房，鸠工会材，并典领工籍，勾检木税、苇税"①。此外，盛京还设有黄瓦厂，置五品官一人，负责御用黄琉璃瓦的管理，此外，对于皇帝陵寝使用的瓦当，专门设置职官负责，"天聪八年，置永陵烧造砖瓦散秩五品官。顺治五年（1648年），增福陵、昭陵各一人。康熙八年，改司工匠"②。由此可见，自瓦当产生之初，其生产与使用便严格受政府掌控。

琉璃瓦当的产生大约可追溯至唐朝，史载唐高祖之披香殿"但见倾宫、鹿台，琉璃之瓦"，然而此时的建筑对琉璃瓦的使用并不普遍，即便是等级最高的宫殿建筑中也较为罕见，故而受到大臣讽谏。琉璃瓦当在高等级建筑中大量被使用则是在元、明、清时期，常见颜色有黄、青、绿、黑等，并且不同颜色的琉璃瓦当被赋予了身份等级的差异，因此，除瓦当生产和再利用外，琉璃瓦当的使用也是政府监管的内容之一。这一时期，琉璃瓦当主要见于皇室宫殿、亲王府邸以及圆丘、方泽、日坛、月坛、太庙等祭祀场所。例如，明朝洪武九年（1376年）"定亲王宫殿、门庑及城门楼，皆覆以青色琉璃瓦"③，次年定圆丘大祀殿"瓦皆黄琉璃……其后殿瓦易青琉璃"④，嘉靖九年（1530年）定圆丘"坛面及栏俱青琉璃"⑤，方泽"坛面黄琉璃，陛增为九级"⑥。

①赵尔巽等撰：《清史稿》卷一一四《职官志》，中华书局，1977年版，第3292页。
②赵尔巽等撰：《清史稿》卷一一七《职官志》，中华书局，1977年版，第3383页。
③张廷玉等撰：《明史》卷六八《舆服志》，中华书局，1974年版，第1670页。
④张廷玉等撰：《明史》卷四七《礼志》，中华书局，1974年版，第1227页。
⑤张廷玉等撰：《明史》卷四七《礼志》，中华书局，1974年版，第1228页。
⑥张廷玉等撰：《明史》卷四七《礼志》，中华书局，1974年版，第1228页。

"朝日坛红琉璃，夕月坛用白。"[①]及至清朝建立，太庙"上覆黄琉璃"[②]，帝王庙"正殿用青绿琉璃瓦，至（乾隆）十八年重修，改覆黄瓦"[③]，琉璃瓦当的颜色体现了建筑等级的高低，其时黄琉璃瓦当成为等级最高的琉璃瓦当，建筑改用黄琉璃正体现了其地位的提升。除此之外，明清时期开始祭祀琉璃窑神。"若大工迎吻，祭琉璃窑神暨各门神，如祭司工礼。"[④]也足见此时琉璃瓦当生产的重要地位。综上所述，瓦当自产生之初，直至封建社会晚期，一直由官营手工业主导，历代政权对其生产与使用颇为重视，设置专门的职官进行严格监管，也正是由于政府对于瓦当使用的层层管控，使得瓦当成为衡量建筑等级的标志之一。

①张廷玉等撰：《明史》卷四七《礼志》，中华书局，1974年版，第1229页。

②赵尔巽等撰：《清史稿》卷八六《礼志》，中华书局，1977年版，第2574页。

③赵尔巽等撰：《清史稿》卷八四《礼志》，中华书局，1977年版，第2528页。

④赵尔巽等撰：《清史稿》卷八四《礼志》，中华书局，1977年版，第2545页。

第二章 西周瓦当

　　依据文献史料的记载，早在夏朝便已出现建筑用瓦，然而至今尚未发现夏商时期瓦当的实物资料。目前，考古发掘最早的瓦当出土于西周中晚期的遗址。因此，笔者以西周时期为开端，逮及清朝统治结束，依据朝代更迭的时间线索，结合建筑艺术博物馆中馆藏的瓦当精品，细数历代瓦当的典型形制与经典纹饰，深入挖掘其产生的历史背景与文化环境，梳理中国古代瓦当艺术的发展历程，并以此一窥古代匠人的匠心独运与审美意趣。

第一节　历史背景

　　《史记·周本纪》载："姜原出野，见巨人迹，心忻然说，欲践之，践之而身动如孕者。居期而生子，以为不祥，弃之隘巷，马牛过者皆辟不践；徙置之林中，适会山林多人，迁之；而弃渠中冰上，飞鸟以其翼覆荐之。姜原以为神，遂收养长之。初欲弃之，因名曰弃。"①周的第一位男性始祖弃（后稷）便在这种神秘的传说氛围中出生了，此则记载恰可证实周起源于"但知其母，不知其父"的氏族社会时期。此后，历经不窋、公刘、古亶父、季历等首领的经营，周逐渐发展成为商朝西部边陲重要的政治力量。商朝末年，帝辛沉湎酒色、穷兵黩武、重刑厚敛，而周文王则励精图治，礼贤下士，善施仁德，周族趁机迅速崛起，成为打击商朝统治的中坚力量。

　　公元前1046年，文王子武王率兵伐纣，牧野一战，商军倒戈相向，统治五百余年的商王朝至此覆灭，一个全新的奴隶制王朝——周朝建

---

　　①司马迁撰：《史记》卷四《周本纪》，中华书局，2014年版，第111页。

立，定都镐京，史称西周。武王去世后，幼子成王即位，周公旦辅政，外事征伐、内兴礼乐，其后的康王继续平定东夷、西伐鬼方，此时西周的统治相对稳定，国势鼎盛，史称"成康之治"。然而盛极转衰，及至懿王时期，周朝奴隶主统治日趋腐朽，政权也逐渐走向衰落，甚至在西戎的威胁下将都城迁往了犬丘。逮及厉王时期，周厉王任用荣夷公等人，对内专擅山林川泽之利，对外发动对荆楚、淮夷的战争，但均以失败告终，周朝内忧外患严重，统治危机不断加深，最终导致在公元前841年爆发了"国人暴动"，此后周朝一蹶不振，虽有宣王短暂的中兴，但其颓势已难以逆转。公元前771年，宠爱褒姒的幽王，企图废嫡立幼，遭到王后家族申氏的激烈反抗。最终，申侯联合犬戎推翻了幽王的统治，至此，西周宣告灭亡，历时近三百年，共传12王11代。

西周时期是中国古代奴隶社会高度发达的历史阶段，此时的经济、政治、文化制度均达到了奴隶社会的巅峰，井田制、分封制、宗法制及礼乐制度等于此时形成并逐步完善，这些都对中国古代历史的发展产生了广泛而深远的影响。

第二节　典型瓦当

追溯周朝的起源，其发祥地——周原引人关注，而中国历史上最早的瓦当实物即出土于此。《诗经·大雅·绵》载："古公亶父，来朝走马。率西水浒，至于岐下。爰及姜女，聿来胥宇。周原膴膴，堇荼如饴。爰始爰谋，爰契我龟。曰止曰时，筑室于兹。乃慰乃止，乃左乃右，乃疆乃理，乃宣乃亩。自西徂东，周爰执事。乃召司空，乃召

司徒，俾立室家。其绳则直，缩版以载，作庙翼翼。捄之陾陾，度之薨薨。筑之登登，削屡冯冯。百堵皆兴，鼛鼓弗胜。乃立皋门，皋门有伉。乃立应门，应门将将。乃立冢土，戎丑攸行。"[①]这是文献史料中关于周原营建的最早记载，公元前12世纪末，周人先祖古亶父便率领民众迁徙至此，营建城郭、宫室、神坛，开始了大规模土木工程的建设，立足此地，历经几代周人的苦心经营，周的势力不断发展壮大，此后文王虽迁至丰都，但周原依旧是其重要的政治中心，周朝建立后，作为王朝的发祥地，周原仍是王朝经营的重要地区，其间不乏大型工程营建，直至政权衰亡。因此，少量瓦当出土于此也就不足为奇了。

1976年，周原考古队开始了对陕西省扶风召陈村周原晚期遗址的考古发掘，在此出土瓦当五十余件，均为半圆形制，依据瓦当的尺寸可分为大、中、小三类，其中，大型瓦当的当面直径为21～25厘米（见图2-1），中型瓦当的当面直径为18～20厘米（见图2-2），小型瓦当的当面直径约14厘米，除尺寸差异外，当面纹饰亦有不同，大型瓦当边轮内饰一周重环纹，中心横饰重环纹。中型瓦当边轮内饰三周弦纹，再饰重环纹；中心饰同心圆纹，所附筒瓦背上饰籼黻纹，也有素面的。小型瓦当只发现素面一种，所附筒瓦背上饰籼黻纹。由于这些瓦当出土于西周晚期地层之中，由此推知，西周晚期以前我国的大型建筑就出现瓦当了。屋瓦及瓦当的发明是西周在建筑上的突出成就，使西周建筑摆脱了夏商时期"茅茨土阶"的简陋状态，进入相对高级的阶段。综观西周瓦当，形制及纹饰相对简单，形态古朴稚拙，纹饰朴实无华，多受青铜器纹饰的影响，展现了原始、朴素之美，自此揭开了中国瓦当艺术的

序幕。

图2-1　重环纹瓦当（大）①

时代：西周　　　底径：21.5厘米　　　出土地：陕西

半圆形，当面为阴刻不规则的重环纹和弦纹。

图2-2　重环纹瓦当（中）②

时代：西周　　　底径：18厘米　　　出土地：陕西

半圆形，当面外圈及当心处均为弦纹，中部为重环纹，具有一定的形式美。

重环纹是西周中晚期青铜器常见的纹饰之一，总体形态为略呈椭圆形的环组成纹带，环有一重、两重、三重，环的一侧形成两直角或锐角。缘何瓦当产生之初重环纹独受青睐，据学者考证，这可能与时人的信仰和观念密不可分。日本学者村上和夫认为，重环纹的总的形态是几

---

①徐锡台等编著：《周秦汉瓦当》，文物出版社，1988年版，图2。

②徐锡台等编著：《周秦汉瓦当》，文物出版社，1988年版，图4。

重相套的环状圆，类似的圆形在新石器时代彩陶纹饰中就用来作为天象的符号，因此重环纹不是普通意义上的几何图案，它是天的象征。在尊奉和崇尚"敬天保民"思想的西周，这无疑赋予了重环纹至高无上的象征寓意，将其装饰于屋檐之上，一则可暗示臣下与子民，周王君权神授的不可动摇的权威，二则也力图时时提醒统治者自己，天神无时不在俯瞰着人间，对上天的信仰要恭敬虔诚。由此，重环纹的盛行也就不足为奇了。

　　建筑艺术博物馆馆藏西周素面半瓦当一件，其具体形制如图2-3所示。

图2-3　素面半瓦当[①]

时代：西周　　　　底径：17厘米　　　　出土地：陕西

　　半圆形，灰陶材质，质地坚硬，相较于重环纹等纹饰瓦当，素面瓦当体形偏小，属于小型瓦当，无边轮，无纹饰，当面不甚平整，制作较为粗糙。

　　建筑艺术博物馆馆藏西周瓦当距今历史久远，主要出土于大型建筑基址，数量稀少，较为罕见，传承保存至今殊为不易，是中国古代瓦当的开端之作，展示了瓦当产生之初朴实无华的风格与形态，为后期瓦当艺术的繁荣和发展奠定了基础。

---

①河北工程大学建筑艺术博物馆藏。

第二章 春秋战国瓦当

第一节　历史背景

公元前770年，幽王太子宜臼在申、鲁等国的支持下继位，为避犬戎之乱，将都城迁往洛邑，史称东周。"平王之时，周室衰微，诸侯强并弱，齐、楚、秦、晋始大，政由方伯。"[①]此后王室衰落，诸侯并起，战争连绵，直至公元前221年，秦国一统六合，建立起第一个中央集权的统一多民族国家，这段历史也称之为春秋战国。其中，以周元王元年（公元前476年）为界，前期诸侯为争夺霸权，展开了激烈的角逐，齐、晋、秦、宋、楚、吴、越等国先后称霸，史称春秋；其后，伴随韩、赵、魏三家分晋，田氏代齐等地主阶级的夺权斗争，各诸侯国先后确立了新兴地主阶级的统治，此时的战争性质也由争夺霸权转变成为兼并统一，齐、楚、燕、韩、赵、魏、秦七国相继崛起，史称战国。春秋战国是社会大变革的时代，旧制度、旧的统治秩序被破坏，新制度、新的统治秩序在确立，新兴地主和农民的力量不断壮大，这是生产力发展的结果，也在一定程度上推动了经济的发展，铁器、牛耕开始用于农业生产，手工业、商业也逐渐摆脱了奴隶主贵族的控制，社会经济迅速恢复和发展起来，加之此时诸国为延揽人才，施行的相对开放和宽松的文化政策，这些都推动了春秋战国时期思想、文化、艺术的兴盛，呈现"百家争鸣"的繁荣景象。

---

①司马迁撰：司马迁撰：《史记》卷四《周本纪》，中华书局，2014年版，第149页。

第二节　典型瓦当

经济的繁荣发展，文化的多元并包，技术的持续改进，基于上述因素的共同推动，春秋战国时期瓦当的使用范围逐渐扩大，考古发现此时在东周王城及列国都城，如洛邑王城、齐国临淄、燕国下都、秦国雍城、咸阳以及赵国邯郸的遗址中多有瓦当的出土，足见此时瓦当的使用远较西周时期更为普遍。与此同时，瓦当的生产水平及艺术造诣也得以提升。这一时期，瓦当的形制更为多样，除半圆形外，圆形瓦当已经出现并逐渐传播开来，瓦当的纹饰也更为丰富，在素面及重环纹、绳纹、弦纹等简单线条的基础上，列国形成了各自独具风格的瓦当纹饰，这正是此时瓦当艺术飞跃的集中体现与重要佐证。综观春秋战国时期的瓦当纹饰，列国之间各有不同，追根溯源，是各国政治、经济、地域及文化背景的殊异。遍览此时瓦当纹饰的内容风格，其中齐国瓦当、燕国瓦当、秦国瓦当最具时代与地域特色，并列成为春秋战国瓦当发展的三大基本类型，以秦、齐、燕三大主流瓦当系统合成的战国瓦当艺术形成了中国古代瓦当艺术的第一个高峰。下面我们将依序予以述评。

一、齐国瓦当

《史记·齐太公世家》载："武王已平商而王天下，封师尚父于齐营丘。……太公至国，修政，因其俗，简其礼，通商工之业，便鱼盐之利，而人民多归齐，齐为大国。"[①]武王始封姜尚于齐，都于营丘，

---

① 司马迁撰：《史记》卷三二《齐太公世家》，中华书局，2014年版，第1480页。

齐国地域广大，且地处沿海，资源丰富，经济发达，及至管叔、蔡叔之乱，成王命太公"五侯九伯，实得征之"，[①]齐国由此获得代天子征伐诸侯的权力。可见周初齐国政治、经济实力便不容小觑，放眼春秋战国时期，齐国一直都是东方大国，春秋五霸中最早称霸者即为齐桓公，而战国七雄中最后灭亡者亦为齐国，足见齐国实力强大。齐献公元年（公元前859年），"尽逐胡公子，因徙薄姑都，治临淄"[②]，此后直至公元前221年齐国灭亡，六百余年中，临淄一直作为齐国的政治、经济、文化中心，也是齐国工程建设最为集中的地区。因此，山东临淄齐国故城遗址是出土这一时期齐国瓦当数量最多的地区。

综观齐国临淄出土的瓦当，数量众多，制作精良。春秋时期瓦当均为半圆形，战国早期形制多为半圆形，晚期出现少量圆形，灰陶材质，其纹饰最显著的构图特征是以树木为中心进行纹饰布局，树木纹几乎是齐国瓦当的标志物。以树木纹居中为主体纹饰，树木枝条或简或繁，或直或弯，或有叶或无叶，树下则采用传统的中轴对称方式，两侧分别饰以动物纹、人物纹、乳钉纹、云纹等，或兼而有之，瓦当整体布局均衡匀称，美观大方。与此同时，齐国瓦当的纹饰还经历了由具体写实向抽象写意逐渐转化的过程，依据目前出土瓦当实物推测，齐国瓦当的演化顺序是经过了一个由写实、写意、观念渗入，进而依照程式的法则进行装饰变化的过程。战国早期的树木纹瓦当，无论是对母题树木纹的描绘，还是对人物、动物形象的刻画，均写实意味浓厚，是对大自然和现实生活的真实写照，充满了浓郁的生活气息；而战国后期的树木纹

---

①司马迁撰：《史记》卷三二《齐太公世家》，中华书局，2014年版，第1481页。

②司马迁撰：《史记》卷三二《齐太公世家》，中华书局，2014年版，第1482页。

瓦当，抽象写意的艺术手法成为瓦当艺术创作的主流，此时的瓦当纹饰的装饰性逐渐凸显，母题树木纹更加凝练、抽象，前期常见的附饰如动物纹、人物纹等也逐渐被乳钉纹、卷云纹、三角纹此类抽象、简化的纹饰取代，瓦当的生活气息逐渐消失，取而代之的是浓厚的装饰美感。同时，也不能排除在瓦当的某一发展过程中，有着多种手法并存，相互影响、借鉴的复杂时期，而许多精品就往往产生在这活跃而少定式的特殊时期。具体而言，可将齐国瓦当纹饰的内容划分为写实生活画（如图3-1所示）、图案生活画（如图3-2所示）及图案纹饰（如图3-3所示）等类型。

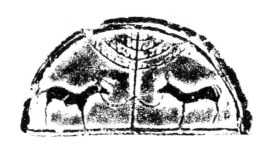

图3-1　树木双马纹瓦当①

时代：战国·齐　　　底径：14.6厘米　　　出土地：山东

半圆形，中间一树，树枝为圆弧形向上伸展，左右各有一匹马相对而立，缰绳拴于树干，属于写实生活画瓦当。

---

①村上和夫著；丛苍等译：《中国古代瓦当纹样研究》，三秦出版社，1996年版，第64页。

图3-2　树木凤鸟纹瓦当[1]

　　时代：战国·齐　　　　底径：14.8厘米　　　　出土地：山东

　　半圆形，当面正中为一树，树枝呈放射状，利用抽象的线条进行勾勒描画，树下左右各有一只凤鸟相对而立，头部有冠，长尾舒展，写实意味浓厚，属于图案生活画瓦当。

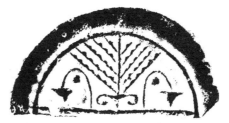

图3-3　树木方格纹瓦当[2]

　　时代：战国·齐　　　　底径：15.2厘米　　　　出土地：山东

　　半圆形，中间一树，呈伞盖形，下方横列方格，格中有乳丁、三角形等，图案化较强，属于图案纹饰瓦当。

　　需要注意的是，除上述纹饰瓦当外，战国时期的齐国还出现了中国历史上最早的文字瓦当，即"天齐"瓦当（见图3-4），学者陈直先生、赵超先生等均对其出现时代、文字释读等进行了细致的考证与研究，认为其为"齐祭天处建筑用瓦"[3]，"天齐"瓦当为目前所见最早的文字

---

　　①叶木桂著：《中国古代瓦当纹饰审美艺术》，西南交通大学出版社，2017年版，第160页。

　　②村上和夫著；丛苍等译：《中国古代瓦当纹样研究》，三秦出版社，1996年版，第64页。

　　③赵超著：《我思古人：古代铭刻与历史考古研究》，社会科学文献出版社，2018年版，第28页。

瓦当，为秦汉时期文字瓦当的繁荣奠定了基础。

图3-4　"天齐"瓦当[①]

河北工程大学建筑艺术博物馆馆藏战国时期齐国半瓦当5件，其具体形制如下。

如图3-5所示，当面纹饰以浅浮雕形式表现，以树木纹为中心，树根连接为双重同心圆，树干位于当面中间为轴，呈左右对称状，枝丫较为密实，树下双兽呈尖首，长颈，兽身各有一骑士，面面相对，双手开舞似作搏斗状，形象生动。

图3-5　树木双骑纹瓦当（残）[②]

时代：战国·齐　　　底径：12.5厘米　　　出土地：山东

半圆形，灰陶质地，色青白，造型规整。

如图3-6所示，当面以树木纹为装饰主体，树冠较大，树干位于当面

①齐国文字博物馆藏。

②河北工程大学建筑艺术博物馆藏。

中间为轴，呈左右对称状，树木最下一对枝条变形为卷云纹，树下两侧各有一兽，整个瓦纹高于当面，图案抽象简练，线条分明，构图朴实无华。

图3-6　树木双兽纹瓦当（残）[1]

时代：战国·齐　　　底径：16厘米　　　出土地：山东

半圆形，灰陶质地，色青灰，底边、弧边有边轮，左边轮残，造型规整。

　　如图3-7所示，当面以树木纹为装饰主体，树冠较大，树干位于当面正中，呈左右对称状，树木最下一对枝条变形为卷云纹，空隙处各有一羊角形卷云纹，整个瓦纹高于当面，线条分明，结构平稳，虚实相宜。

图3-7　树木卷云纹半瓦当[2]

时代：战国·齐　　　底径：19厘米　　　出土地：山东

半圆形，灰陶质地，色青白，烧结坚致，宽边轮，造型规整。

---

①河北工程大学建筑艺术博物馆藏。

②河北工程大学建筑艺术博物馆藏。

如图3-8所示，当面以树木纹为装饰主体，树干位于当面中间为轴，两侧树枝由地面开始向上分布，呈左右对称状，树木最下一对枝条变形为卷云纹，树下两侧各饰一小乳钉，整个当面颇似变形的兽面（饕餮）纹。

图3-8　树木卷云纹半瓦当[①]

时代：战国·齐　　　　底径：18.5厘米　　　　出土地：山东

半圆形，灰陶质地，色青白，烧结坚致，宽边轮，造型规整。

如图3-9所示，当面以树木纹为装饰主体，树干位于当面中间为轴，两侧树枝由地面开始向上分布，呈左右对称状，线条粗细均匀，树木最下一对枝条卷曲。树下两侧各饰一大乳钉，浑圆凸起，整个当面颇似变形的兽面（饕餮）纹。瓦纹高于当面，线条分明，结构平稳，虚实相宜。

图3-9　树木乳钉纹（饕餮纹）瓦当[②]

时代：战国·齐　　　　底径：20厘米　　　　出土地：山东

半圆形，灰陶质地，色青白，烧结疏松，左边轮残，形体宽大，造型规整。

①河北工程大学建筑艺术博物馆藏。
②河北工程大学建筑艺术博物馆藏。

　　建筑艺术博物馆藏齐国瓦当采用绝对对称的均齐式构图，即同形等量，纹饰所绘形象的造型、高度一致，给人以结构严密、构图完整的视觉印象，有完美、庄严、和谐、静止的效果。瓦当纹饰展示了这一时期齐国瓦当写实生活画、图案生活画和图案纹饰三种基本类型，也体现了瓦当纹饰的艺术创作由写实向写意转变的历史过程。

二、燕国瓦当

　　《史记·燕召公世家》载："召公奭与周同姓，姓姬氏。周武王之灭纣，封召公于北燕。其在成王时，召公为三公：自陕以西，召公主之。自陕以东，周公主之。"[①]燕召公姬姓，相传为周文王庶长子，是西周建立后最早受封的同姓诸侯，周成王时，燕召公未就国，与周公分庭抗礼，分陕而治，可见当时燕国政治地位极高。然而，"燕北（外）迫蛮貉，内措齐、晋，崎岖强国之间，最为弱小，几灭者数矣"[②]。其地理位置处于北方骁勇善战的少数民族与南方齐、晋两大国的中间地带，自身发展受到严重的威胁和限制，故而国力不断衰落，几度濒临亡国。由于周边强敌如林，虎视眈眈，燕国都城也一再迁移，先后辗转于蓟与临易之间，这是燕国风雨飘摇、颠沛流离的一段历史。

　　及至昭王即位（公元前311年—公元前279年），燕国刚刚经历子之乱后，昭王卑身厚币，以招贤者，礼贤下士，延揽乐毅、邹衍、剧辛等猛将名士，励精图治，国势发展至鼎盛，国富兵强，攻克齐都临淄。

---

①司马迁撰：《史记》卷三四《燕召公世家》，中华书局，2014年版，第1549页。

②司马迁撰：《史记》卷三四《燕召公世家》，中华书局，2014年版，第1561页。

《水经注·易水》载："故燕之下都，擅武阳之名。……武阳，盖燕王之所城也……不欲令诸侯之客，伺隙燕邦，顾修连下都，馆之南垂。言燕昭创之于前，子丹蹜之于后。"[1]为防诸侯继续窥伺，昭王开始营筑武阳城，并一跃成为燕国的政治中心，此后太子丹又在此基础上加以扩建，即今天所言之燕下都，此后燕国都城稳定下来，直至公元前222年，燕王喜被俘国灭。近百年间，下都作为燕国都城，历经昭王、太子丹的建设，占地广阔，工程浩繁，经过考古发掘，燕下都故城呈长方形，东西长约8千米，南北宽为4~6千米，总面积为40平方千米，是目前已发现的战国都城中最大的一座，中部有纵贯南北的城墙，将其分成东、西两城，宫室遍布其间，亭台楼阁林立，文化遗存丰富，出土大批精美的瓦当。

综观燕国下都出土的瓦当，为数众多。其形制均为半圆形，硕大厚重，底径为13~26.4厘米，夹砂灰陶或泥质灰陶材质，鲜有素面，其典型纹饰有饕餮纹、兽面纹、云山纹、窗棂纹等，其中又以饕餮纹最具代表性，占目前燕下都已出土瓦当的80%以上。燕国瓦当整体构图大致左右对称，古老凝重，富有神秘感，其主体纹饰为巨目、突眉、宽鼻、大嘴的饕餮形象，其间或以勾云纹、三角纹等为辅饰加以点缀。综观春秋战国时期的瓦当纹饰，燕国饕餮纹饰可谓独树一帜，与前文述及的齐国瓦当纹饰不同，其写实意味偏弱，多为装饰性的图案纹饰，抽象且神秘。追根溯源，燕国瓦当的饕餮纹饰主要沿袭了商周时期的青铜器纹饰。西周时期，饕餮纹已经成为集震慑、凝聚、恤惜、戒贪、廉明于一

---

[1]郦道元撰；陈桥驿校正：《水经注》，中华书局，2013版，第266页。

身的祈福避邪的美好载体，以庄严狞厉、尊贵华美的象征继续在青铜器以及其他类别的重要器物上流行使用。然而，春秋战国时期饕餮纹在列国器物中的使用日趋淡化，甚至没落消失，却唯独在燕国被保留和传承下来。追溯饕餮纹饰的起源，其与红山文化、夏家店下层文化的兽面纹饰（如图3-10、图3-11所示）的关系尤为引人注目。据学者研究，在燕下都和燕国各地战国城址普遍使用饕餮纹瓦当，应该是当地从红山文化到夏家店下层文化发达的兽面纹延续下来的传统。在整个燕国疆域内，中原农业文化和北方草原文化相互交错、碰撞、融汇，燕文化则在这种背景中不断发展变化。故此，在燕下都和整个燕国疆域内的瓦当主体纹饰饕餮纹，以及由其演变而成的其他纹饰，既有夏家店下层文化的根基，又有对商代青铜文化的直接承袭，还有对北方草原文化吸收而表现出的新面目（如图3-12所示）。由此可见，燕国饕餮纹瓦当是多种文明交流、碰撞、融合的产物。

图3-10　红山文化青玉兽面纹佩①

①天津博物馆藏。

图3-11　夏家店下层文化兽面彩陶[1]

图3-12　双龙背项饕餮纹瓦当[2]

建筑艺术博物馆馆藏战国时期燕国瓦当4件，其中2件为饕餮纹饰，具体形制如下。

如图3-13所示，当面饕餮纹受青铜器纹饰影响，兽面造型饱满，低额粗眉，以鼻梁中线为对称轴，呈左右对称，两侧分布双耳及双目，双耳耳尖上翘，双目凸起，宽鼻、阔口大张，无下唇，两嘴角上弯，面目狰狞，形象凶猛。

---

①内蒙古自治区文物考古研究所藏。

②河北大学艺术学院藏。

图3-13　饕餮纹瓦当[①]

时代：战国·燕　　　底径：18.5厘米　　　出土地：河北

半圆形，夹砂灰陶质地，形体宽大，造型厚重，窄边轮，较为浅显。

如图3-14所示，当面以浅浮雕形式表现，多为凸线勾勒，兽面形象不甚明显。以鼻梁为中轴，呈左右对称，尖耳短鼻，张开的阔口为底部边轮所掩，面目狰狞，形象凶猛。

图3-14　饕餮纹瓦当（残）[②]

时代：战国·燕　　　底径：17.5厘米　　　出土地：河北

半圆形，夹砂灰陶质地，形体宽大，造型厚重，底边、弧边有边轮，较窄。

除此之外，云山纹（山形云纹）也是燕下都瓦当的常见纹饰之一（如图3-15、图3-16所示），此类瓦当的纹饰相对抽象简化，当面以凸

[①]河北工程大学建筑艺术博物馆藏。

[②]河北工程大学建筑艺术博物馆藏。

起二至三道凸线组成山形，一般山形纹饰左右还附饰有各种云纹，左右呈大致对称形态，此类云山纹瓦当的尺寸，相较于饕餮纹瓦当偏小，底径长16～20厘米，宽边轮。

图3-15　云山纹（山形云纹）瓦当[①]

时代：战国·燕　　底径：16.5厘米　　出土地：河北

半圆形，灰陶质地，工艺较精，边轮宽大。当面纹饰由中央三重山形纹和两侧云纹组成，颇似重峦叠嶂的群山，纹饰以凸起的弦纹表现，造型十分规整，并以中轴为对称轴左右对称。当面纹饰结构精练，线条方圆走向精准，布局疏密有度，工艺较精。

图3-16　云山纹（山形云纹）瓦当[②]

时代：战国·燕　　底径：17厘米　　出土地：河北

半圆形，灰陶质地，工艺较精，边轮宽大。当面纹饰由双重山形纹组成，纹饰以凸起的弦纹表现，以中轴为对称轴左右对称，边轮两侧伸出云纹为边饰。当面布局较为疏松，线条粗大，风格犷美，品相完整。

①河北工程大学建筑艺术博物馆藏。
②河北工程大学建筑艺术博物馆藏。

三、秦国瓦当

《史记·秦本纪》："周宣王即位，乃以秦仲为大夫，诛西戎。……周避犬戎难，东徙洛邑，公以兵送周平王。平王封襄公为诸侯，赐之岐以西之地。……襄公于是始国，与诸侯通使聘享之礼。"[1]相较于齐、燕二国，秦立国较晚，宣王时仅为周朝西部边陲大夫，地处今甘肃天水一带，游牧狩猎为生，负责守卫边境以防犬戎入侵。公元前770年，襄公因护卫平王东迁有功，得以受封诸侯立国，此后秦国与犬戎战争连绵，成为周朝抵御戎、狄的一道坚固屏障，同时也加速了秦国与边疆少数民族的融合。"德公元年，初居雍城大郑宫。"[2]公元前677年，秦德公正式以雍城为国都，其后三子宣公、成公、穆公历位秦国国君，尤其幼子穆公时，经过多年经营，终于称霸西戎，成为周朝西部疆域最为强大的诸侯国，对东方的晋、楚、齐等国都造成了极大的威胁。然而，穆公时期的盛世只是秦国历史上的昙花一现，穆公之后秦国走向衰落，康公、共公、桓公、景公时期，东方诸国逐渐壮大，与秦战争不断，且多以秦败告终，历共公至出公时期，秦国权臣擅政，数易国君，政局动荡。

献公二年（公元前383年），"徙治栎阳，且欲东伐，复穆公之故地，修穆公之政令"[3]，将国都自雍城东迁至东部的栎阳，重修穆公政令，欲东伐以收复失地，其子孝公即位后，深感"诸侯卑秦，丑莫大

---

①司马迁撰：《史记》卷五《秦本纪》，中华书局，2014年版，第178页。

②司马迁撰：《史记》卷五《秦本纪》，中华书局，2014年版，第184页。

③司马迁撰：《史记》卷五《秦本纪》，中华书局，2014年版，第202页。

焉"（《史记·秦始皇本纪》），励志图强，"有席卷天下，包举宇内，囊括四海之意，并吞八荒之心"[1]，于是任用商鞅实施变法，奠定了秦国富兵强的基础，并将都城迁往咸阳，随后即位的惠文君、武王、昭襄王"因遗策，南取汉中，西举巴、蜀，东割膏腴之地，北收要害之郡"[2]，继续收复失地，开疆拓土，对中原地区虎视眈眈，东方六国合纵缔交，联合对抗秦国，最终却宣告失败，此后经孝文王、庄襄王二君，秦国盘踞西方，渐成吞并之势。秦自立国至统一天下，五百余年间，国都辗转于雍城、栎阳、咸阳之间，其中雍城作为秦国定都最久的都城，近三百年，其间工程建设不断，文化遗存丰富，出土的瓦当亦为数众多，特征鲜明。

综观秦国雍城地区出土的瓦当，多源于战国时期，形制也多为圆形，半圆形瓦当较少，常见泥质灰陶材质，其典型纹饰包括动物纹、植物纹、葵纹、云纹等，其中又以动物纹最具代表性，占有相当大的比例，这与秦国的地理位置和生计方式密切相关。秦国地处西隅，与戎狄混居杂处，生计方式也多受其影响，主要以狩猎为生，农业经济起步较晚，动物在狩猎经济和日常生活中具有非常重要的作用，因此动物纹瓦当的出现也就不足为奇了，正显示了游牧民族的特色。与齐国的瓦当纹饰相似，此时秦国瓦当的动物纹饰均取材于自然现象和现实生活，写实意味强烈，纹饰内容可具体分为单体动物与复合动物，常见的动物有朱雀（凤鸟）、虎、鹿、獾、雁、蟾蜍等，战国前期与中期的单体动物纹瓦当，当面无界格，形象生动，造型舒展，突破了西周和春秋时期拘谨

①司马迁撰：《史记》卷四八《陈涉世家》，中华书局，2014年版，第1963页。

②司马迁撰：《史记》卷四八《陈涉世家》，中华书局，2014年版，第1964页。

的几何纹界限，体现出积极向上的勃勃生机，随形定样，和谐自然。当面有界格的复合动物纹瓦当，时代略晚于单体动物纹瓦当，大概流行于战国中期。当面以界格线分为四区间的复合动物纹瓦当，则主要流行于战国中晚期，及至秦代走向衰落。

如图3-17所示，当面采用浅浮雕手法，表现出一只屈肢回首、神态恬静，作卧伏状的雄鹿，形象刻画精妙。

图3-17　鹿纹瓦当①

时代：战国·秦　　　直径：14.3厘米　　　出土地：陕西

如图3-18所示，当面纹样以浅浮雕形式表现。其装饰主体为一只雄鹿，在其前方装饰了一只蟾蜍、两只狗、一只飞雁。各动物造型姿态各异，形象生动。纹饰画面虚实相宜，布局紧凑，展现了大自然和谐共生的场景。

①赵丛苍主编；戈父编著：《古代瓦当》，中国书店，1997年版，第67页。

图3-18　鹿蛙犬雁纹瓦当①

时代：战国·秦　　　直径：14厘米　　　出土地：陕西

建筑艺术博物馆馆藏战国时期秦国瓦当7件，其中2件为动物瓦当，其具体形制如下。

如图3-19所示，当面纹饰以浅浮雕手法表现了一只形体高大、昂首阔步的夔凤，布局饱满，夔凤几乎布满当面，头生高冠、钩喙、豆眼、丰羽、翘尾，以流畅线条表现，造型庄重大气，动态十足，有较强立体感。品相完好。

图3-19　夔凤瓦当②

时代：战国·秦　　　直径：15厘米　　　出土地：陕西

圆形，灰陶，色青白，宽边轮，凸起，造型较为规整。

---

①丛苍主编；戈父编著：《古代瓦当》，中国书店，1997年版，第69页。
②河北工程大学建筑艺术博物馆藏。

动物纹瓦当（如图3-20所示）是战国时期秦人绘画和雕塑艺术的精品，写实生动，活灵活现地描绘了大自然中各种动物的万千姿态，体现了秦人在改造自然过程中，对于周围事物细致入微的观察力，独特的艺术想象力、创造力，更反映了此时劳动人民对于生活的热爱和创作智慧。

图3-20　豹纹瓦当[①]

时代：战国·秦　　　直径：14厘米　　　出土地：宁夏

圆形，灰陶，色青白，宽边轮，凸起，造型较为规整。当面两豹，一只回首顾望，身躯精瘦，四肢微屈，尾巴高扬；另一只在其下方，翘首仰望，憨态可掬。

除现实生活中的事物和场景之外，轮辐纹（见图3-21）、葵纹（见图3-22）等抽象的线条和图案也是秦国瓦当常见的纹饰内容。此类瓦当除雍城外，西安、咸阳、临潼等地均有出土，直径13～20厘米，其构图特征是将当面分为内、外区，花纹或简或繁，富于变化。

---

①河北工程大学建筑艺术博物馆藏。

图3-21　轮辐纹瓦当①

图3-22　葵纹瓦当②

　　建筑艺术博物馆藏轮辐纹瓦当1件、葵纹瓦当4件，具体形制如下。

　　如图3-23所示，当面无钮，环绕当心引出多条弧形射线，呈逆时针方向旋转，边轮内侧有一圈凸起弦纹，等距饰以八条勾云纹，顺时针方向分布，自由活泼，富有韵律美感。

---

①赵丛苍主编；戈父编著：《古代瓦当》，中国书店，1997年版，第77页。

②金建辉编：《中国古代瓦当纹饰图典》，浙江古籍出版社，2009年版，第56页。

图3-23　轮辐勾云纹瓦当（太阳纹）[1]

时代：战国·秦　　　直径：15厘米　　　出土地：陕西

圆形，灰陶，色青白，窄边轮，残，制作不甚规整。

如图3-24所示，当面以同心圆为轴，等距延伸出6枚旋齿，呈顺时针方向旋转，构图简单，富有动感。

图3-24　葵纹瓦当[2]

时代：战国·秦　　　直径：14厘米　　　出土地：陕西

圆形，灰陶，色青白，边轮高起，窄，造型规整。

如图3-25所示，当面以凸起的大乳钉为轴，等距延伸出8枚旋齿，呈逆时针方向旋转，当心凹陷，富有动感。

①河北工程大学建筑艺术博物馆藏。
②河北工程大学建筑艺术博物馆藏。

图3-25　葵纹瓦当①

时代：战国·秦　　　直径：14.5厘米　　　出土地：陕西

圆形，灰陶，色青白，边轮高起，窄，残，造型规整。

　　如图3-26所示，当面葵纹为秦国常见纹饰，当心设一四叶纹，中心设以绳索纹，并以绳索纹为界，等距饰以4个"S"形葵瓣，呈逆时针方向旋转。在4个"S"葵瓣中间，饰以4个半"S"形葵瓣，画面形似流水漩涡，富有动感。

图3-26　漩涡形葵纹瓦当②

时代：战国·秦　　　直径：15.5厘米　　　出土地：陕西

圆形，灰陶，色青黑，窄边轮，残，造型不甚规整。

①河北工程大学建筑艺术博物馆藏。

②河北工程大学建筑艺术博物馆藏。

如图3-27所示，当面以绳索纹为界，分为内外二区，内区以钮心为轴顺时针方向环绕8枚单线旋齿状纹饰，外区沿逆时针等距分布22个葵瓣，画面纹饰复杂灵动，十分罕见。

图3-27 葵纹绳索纹瓦当[①]

时代：战国·秦　　　　直径：13.5厘米　　　出土地：陕西

圆形，灰陶，色青黑，边轮高起，窄残，造型规整。

战国中期以后，在葵纹瓦当的基础上，秦国都城咸阳还出现了云纹瓦当，为后期秦汉时期云纹瓦当的繁荣奠定了基础。关于这种看似全新的瓦当纹饰——云纹，其出现的历史渊源，陈直先生作出过推论："云纹是由铜器上的纹饰及回纹演变而来的……至西汉中期，则以云纹定型。"[②]对此，刘庆柱先生在对大量考古出土的瓦当实物资料梳理研究的基础上，提出了另外一种观点："同方向的葵纹瓦当，变成葵纹相间反方向排列，形成反云纹，纹由单线变为复线。反云纹是云纹的母题花纹。……葵纹向云纹的过渡发展：一是由葵纹演变为羊角形云纹。进

---

①河北工程大学建筑艺术博物馆藏。

②陈直：《秦汉瓦当概述》，《文物》1963年第11期，第19-43页。

而发展为蘑菇形云纹；二是由葵纹深化为反云纹，进而发展成为云朵纹。"①

这一时期的云纹，依据其形态不同，又可具体划分为卷云纹（云朵纹）（见图3-28）、羊角形云纹（见图3-29）、蘑菇形云纹（见图3-30）与反云纹等具体类型。

图3-28　卷云纹瓦当②

图3-29　羊角形云纹瓦当③

①刘庆柱：《战国秦汉瓦当研究》，《汉唐与边疆考古研究》（第一辑），科学出版社，1994年版，第9页。

②赵丛苍主编；戈父编著：《古代瓦当》，中国书店，1997年版，第81页。

③赵丛苍主编；戈父编著：《古代瓦当》，中国书店，1997年版，第82页。

图3-30　蘑菇形云纹瓦当[①]

建筑艺术博物馆藏战国时期秦云纹瓦当1件，具体形制如下。

如图3-31所示，当面分为内外二区，外区内侧饰以一圈凸弦圆，圆内以双线呈"十"字分界4个扇区，并以双线为轴，饰对称卷云纹，整体呈蘑菇形云纹形态，内区设小凸弦圆，圆内饰菱形网格纹。当面纹饰线条粗细相若，凸起，立体感较强。

图3-31　云纹瓦当[②]

时代：秦　　　直径：17.5厘米　　　出土地：陕西

圆形，灰陶，色青白，边轮残，造型规整。

---

①赵丛苍主编；戈父编著：《古代瓦当》，中国书店，1997年版，第82页。

②河北工程大学建筑艺术博物馆藏。

　　战国中后期秦国瓦当中还出现了介于半圆形与圆形之间的大半圆形夔纹瓦当（见图3-32），此类瓦当比较罕见，最早出土于始皇陵建筑基址，瓦当形体庞大、造型独特，当面直径61厘米，高48厘米，体现了战国后期至秦统一前后，秦恢宏磅礴的气势，等级颇高，被誉为"瓦当王"。

图3-32　夔纹瓦当[①]

　　综观春秋战国时期的瓦当，列国瓦当遵循着近乎一致的发展轨道：前期多半圆形制，后期逐渐发展成为圆形，在纹饰方面也由素面转变为纹饰。与此同时，瓦当纹饰各具特色，齐国瓦当规整严密、对称完整，艺术风格经历了写实向写意转变的过程，由写实生活画变为抽象写意的图案纹饰。燕国瓦当根植于红山文化与夏家店下层文化，直接受商周青铜器文化的影响，多为抽象的图案纹饰，其中以饕餮纹与云山纹最为常见。秦国瓦当受地理位置与生计方式的影响，纹饰多为自然界中常见的动物与植物，后期也逐渐出现了抽象的线条和图案纹饰，如轮辐纹、葵纹、云纹等，夔纹瓦当昙花一现，战国后期图案纹饰的快速发展，为秦汉时期图案瓦当尤其是云纹瓦当的快速扩张奠定了坚实的基础。

---

①秦始皇帝陵博物院藏。

第四章　秦汉瓦当

第一节 历史背景

秦始皇二十六年（公元前221年），"秦使将军王贲从燕南攻齐，得齐王建"①，齐国灭亡，秦最终战胜关东六国、一统天下，结束了春秋战国以来半个多世纪的分裂割据局面，建立了中国历史上第一个统一的多民族专制主义中央集权的封建王朝。在统一六国的过程中，"秦每破诸侯，写放其宫室，作之咸阳北阪上，南临渭；自雍门以东至泾、渭，殿屋复道周阁相属。"②其都城咸阳成为六国宫室建筑集中分布的地区，各国独具特色、异彩纷呈的宫室建筑在此被原封不动地保留下来，而瓦当作为重要的建筑构件自然亦不例外。这些瓦当保留了六国原有的风格，因此，咸阳出土的瓦当纹饰呈现多元化的特征，内容丰富，风格迥异，如动物纹、莲花纹、云纹等均较为常见。

伴随着中央王朝巩固统一和加强集权措施的推行，秦"废先王之道，焚百家之言，以愚黔首；隳名城，杀豪杰；收天下之兵，聚之咸阳，销锋镝，铸以为金人十二，以弱天下之民"③。毁废六国都城，销毁武器，实行文化专制，钳制思想，春秋战国时期兼容并包、相对宽松的文化环境相继消失，转而呈现出封建王朝的大一统的磅礴气象，与之相应的，秦代瓦当艺术也开始由多元走向统一，这在瓦当的形制和纹饰方面表现得尤为突出：首先，此时半圆形瓦当不断减少，战国时期秦国

① 司马迁撰：《史记》卷六《秦始皇本纪》，中华书局，2014年版，第235页。
② 司马迁撰：《史记》卷六《秦始皇本纪》，中华书局，2014年版，第239页。
③ 司马迁撰：《史记》卷六《秦始皇本纪》，中华书局，2014年版，第280页。

的圆形瓦当逐渐占据主流，其次，图像纹饰逐渐减少，如树木纹、饕餮纹等图像几乎不见，而代之以日趋程式化的图案纹饰，如云纹、轮辐纹等。秦代瓦当的形制与纹饰日趋规范化和程式化，这也为汉代瓦当艺术的繁荣发展奠定了基础。

秦朝的建立开创了中国统一多民族国家的历史。"朕为始皇帝。后世以计数，二世三世至于万世，传之无穷。"①自诩"功过三皇，德高五帝"的嬴政，在完成统一大业后，期许嬴氏江山永固，后世子孙世代延绵无尽。气势何雄哉！然而，秦朝的统治并未像始皇期望的那样长久，立国十五年后，秦二世的贪残暴虐便激起了遍及全国的农民起义。及至公元前207年，秦政权在起义军的进攻下宣告终结，因此秦朝也是中国历史上存续时间最短的封建王朝。

秦朝覆灭后，随之而来的是长达四年的楚汉之争，项羽、刘邦为代表的两大军事集团之间进行了旷日持久的战争，历史的车轮滚滚向前，最终代表没落奴隶主贵族阶级的项羽集团战败，从而失去了最高的统治权力，取而代之的是代表新兴地阶级的刘邦集团，至此，一个全新的大一统王朝——汉朝建立。

公元前202年，刘邦立国，国号为"汉"，定都长安，史称西汉。汉初承秦之弊，"自天子不能具钧驷，而将相或乘牛车，齐民无藏盖"②。经济萧条，百业待兴。为此，前期统治者实行黄老无为的政治思想，与民休息，减省民力。逮及文帝、景帝时期，社会稳定，经济发展。及至武帝时期，国力充盈，大兴土木，反击匈奴，出使西域，取得

---

①司马迁撰：《史记》卷六《秦始皇本纪》，中华书局，2014年版，第236页。

②司马迁撰：《史记》卷三〇《平准书》，中华书局，2014年版，第1417页。

了军事和外交的胜利。汉朝至此发展至鼎盛，思想上"罢黜百家，独尊儒术"，经过董仲舒改良后的儒家思想逐渐取代了道家无为思想，然而盛极转衰，好大喜功、穷兵黩武的汉武帝，晚年眼见社会矛盾激化、动荡不安，不得不轮台罪己以示悔改，此后昭帝、宣帝、元帝、成帝诸帝先后即位，虽有中兴之景，然而土地兼并严重，统治集团贪腐加剧，加之外戚执权，西汉统治摇摇欲坠。公元9年，外戚王莽自立，国号为"新"，内外交困之际，颁布了"王田""私属"等系列改革措施，但终因违背历史发展的潮流走向失败。公元23年，新朝在刘汉宗室与农民起义军的联合打击下灭亡，绿林、赤眉两大起义军最终也宣告失败。公元25年，汉朝宗室刘秀建立政权，延续大汉国祚，定都洛阳，史称东汉，随后逐步消灭地方割据势力，再次实现全国统一。汉明帝、汉章帝时期，政治相对稳定，经济渐趋恢复，然而此后即位诸帝多属年幼，外戚、宦官轮流执掌政权，卖官鬻爵，贪腐横行，两大政治集团之间矛盾极为尖锐，士大夫与太学生联合反对宦官执政，从而导致了两次大规模的党锢之祸，政治黑暗，社会动荡，加之天灾连年，饿殍遍野，百姓无以为继。公元184年，张角兄弟以"苍天已死，黄天当立，岁在甲子，天下大吉"为口号发动起义，这就是历史上著名的黄巾起义，东汉政府仓皇应对，连连败退，不得不放任地方豪强招兵买马以镇压农民起义，这也为东汉的最终灭亡埋下了极大的隐患。此后，地方豪强逐渐做大，势力更盛，群雄逐鹿中原，经过连年战争，魏、蜀、吴实力不断壮大，渐呈三足鼎立之势。公元220年，实际掌控东汉政权多年的魏王曹操之子曹丕废献帝自立，东汉政权正式终结。

第二节　典型瓦当

纵观秦汉四百余年，是中国古代社会政治统一、相对安定的时期，为经济和文化的快速发展创造了优越的外部环境，伴随着经济、文化的繁荣，建筑艺术也由此迎来了新的发展契机。"六王毕，四海一；蜀山兀，阿房出。覆压三百余里，隔离天日。骊山北构而西折，直走咸阳。二川溶溶，流入宫墙。五步一楼，十步一阁；廊腰缦回，檐牙高啄；各抱地势，钩心斗角。"①"于是乎离宫别馆，弥山跨谷，高廊四注，重坐曲阁，华榱璧珰，辇道绮属，步栏周流，长途中宿。"②"其宫室也，体象乎天地，经纬乎阴阳。据坤灵之正位，放太紫之圆方。树中之华阙，丰冠山之朱堂。因瑰材而究奇，抗应龙之虹梁。列梦檩以布翼，荷栋桴而高骧。雕玉瑱以居楹，裁金璧以饰珰。发五色之渥彩，光焰朗以景彰。"③《阿房宫赋》《上林赋》《两都赋》等文学作品直观地向世人展现了其时建筑规模之宏大，装饰之奢华，"华榱璧珰""裁金璧以饰珰"描述的正是此时精美奢华的瓦当，而"秦砖汉瓦"也正是对汉代作为中国历史上瓦当发展最为昌盛阶段的高度评价和完美诠释。

统一后的秦朝，国运短促，因此秦代瓦当与秦国瓦当在艺术特点上并未表现出太大差异。然而，不容忽视的是，秦代瓦当上承战国时期丰富多彩的瓦当艺术，后启两汉瓦当艺术发展的盛世，在中国古代瓦当艺

①钟基等译注：《古文观止》卷七《阿房宫赋》，中华书局，2011年版，第527页。

②班固撰：《汉书》卷五七上《司马相如传》，中华书局，1962年版，第2557页。

③范晔撰：《后汉书》卷四〇上《班固传》，中华书局，1965年版，第1340页。

术的两大盛世之间具有承上启下的重要意义。最早使用圆形瓦当、采用当面四分法和当心采用圆形装饰的秦瓦直接影响了汉代瓦当，并引导瓦当艺术在西汉形成了第二个高潮。所以说，秦代瓦当在形制、纹饰方面都展示出过渡性的特征：半圆形瓦当逐渐减少，圆形瓦当增多并成为主流，素面瓦当有少量发现，纹饰瓦当占据主体。其中，之前秦国盛行的动物纹等图像纹饰减少，而图案纹饰增多，尤其是战国中后期出现的云纹纹饰，此时成为最为常见的瓦当纹饰。如果说西汉图案瓦当已十分成熟，每令人有几分单调之感，秦图案瓦当则显现出明显的朝气，变化自如，令人目不暇接。

如图4-1所示，当面中央一道横隔线分为上下两部分，上下纹饰完全相同，均为一对振翅对立的凤鸟形象，其间夹一涡纹。

图4-1　双凤朝阳瓦当[①]

时代：秦　　　底径：13厘米　　　出土地：陕西

如图4-2所示，当心有一小圆钮，其外一同心圆，周围环绕着大、中瓣相间的莲瓣各4瓣，间饰8片叶状纹。此时莲花纹瓦当刻画的为莲花自然写实的形象，与后期魏晋隋唐时期抽象的莲花纹瓦当迥然有异。

①金建辉编：《中国古代瓦当纹饰图典》，浙江古籍出版社，2009年版，第12页。

图4-2 莲花纹瓦当[1]

时代：秦　　　底径：16厘米　　　出土地：陕西

以上纹饰战国后期可能已经出现并使用，及至秦代继续沿用。

建筑艺术博物馆藏秦代素面半瓦当1件，其具体形制如下。

如图4-3所示，瓦当为半圆形，灰陶质地，质地坚硬，当面平整，无边轮，无纹饰，筒瓦内拍印大麻点纹并留有明显的一层层泥条盘筑痕迹，瓦色青灰，瓦质坚硬厚重，体现了秦瓦的典型特征，素面半瓦当是此时极为罕见的瓦当形制。

图4-3 素面半瓦当[2]

时代：秦　　　底径：23.5厘米　　　出土地：陕西

①村上和夫著；丛苍等译：《中国古代瓦当纹样研究》，三秦出版社，1996年版，第87页。
②河北工程大学建筑艺术博物馆藏。

　　汉承秦制，在秦代瓦当的基础上，汉代瓦当无论在制作工艺、使用范围还是纹饰种类等诸多方面都达到了古代社会的顶峰。汉朝初年，虽依旧存在半圆瓦当与素面瓦当，但圆形瓦当与纹饰瓦当无疑占据主流地位，半圆瓦当与素面瓦当极为罕见，及至东汉时期半圆瓦当绝迹。汉武帝以后，随着瓦当制作工艺的改良，瓦当的质量和产量都得到了大幅提高，当面较之前代更大且光平，不再有切痕和棱角，生产工艺简化，瓦当产量增加，建筑中使用瓦当的现象更加普遍，作为政治中心的长安、洛阳等地出土的汉代瓦当数量可观，主要集中于长安城遗址，以及帝后陵寝、官署和仓庾等建筑遗存之中。此外，在今天的河北、山东，甚至远离中原的广东、福建等地区亦有瓦当的出土。与此同时，汉代瓦当纹饰的种类也更加丰富，继承了前代流行的图像纹饰和图案纹饰，其中图像纹饰尤以四神纹最具特色（见图4-4），青龙、白虎、朱雀、玄武瓦当成为中国古代图像纹饰瓦当的巅峰之作，可谓千古绝唱，图案纹饰则属云纹较为普遍。此外，文字纹饰也异军突起，当面文字少则一二，多则十数，多为阳纹篆书，一般为吉祥祝祷之语，亦有宫殿、官署、祠冢名称，文字而外，间以动物纹、云纹、绳索纹、网格纹等作为边饰，文字瓦当布局匀称，线条流畅，展现了时代背景与时人的精神诉求，文字瓦当的出现与发展成为汉代瓦当最为显著的时代特征，标志着瓦当艺术自此进入鼎盛时期。

图4-4　四神瓦当[1]

一、云纹瓦当

战国中后期出现的云纹瓦当，在秦汉时期迎来了发展的黄金时机。究其原因，云纹瓦当此时的发展应与其时求仙升天思想的传播密切相关。祥云图案，具有吉祥如意的文化寓意，符合当时人们求仙升天的精神诉求，故而成为当时瓦当的主流纹饰之一。云纹瓦当是秦汉瓦当中数量最多且最为复杂的类型，其构图主要由当心纹饰与周边纹饰组成，典型特点为当心为大圆纽，间施以乳钉纹、连珠纹、锯齿纹、曲尺纹、菱格纹、叶纹等纹饰，以单、双界格线或叶纹将当面均匀划分为4个扇区，

---

[1]陈直：《秦汉瓦当概述》，《文物》1963年第11期，19-43页。

每个扇区内饰一组云纹式样。伴随云纹式样的增多与丰富，后期逐渐演变出卷云纹、羊角云纹及蘑菇云纹等多种类型。不同学者依据云纹式样的表现特点将其划分为若干类型，如陈根远、朱思红《屋檐上的艺术：中国古代瓦当》将汉代瓦当云纹纹饰划分为云朵纹、羊角形云纹、反云纹和蘑菇形云纹，赵丛苍、戈父《古代瓦当》则将其分为卷云纹、羊角形云纹、蘑菇形云纹、连云纹、S形云纹等。在秦汉不同历史时期、不同区域，云纹瓦当流行的式样也略有不同。陈根远先生通过梳理出土瓦当的实物资料，发现陕西地区在西汉中期以前，云纹瓦当以蘑菇形云纹最为流行。西汉中期以后，在陕西关中地区发生了变化，如在宣帝杜陵陵园建筑遗址中出土的云纹瓦当多为云朵纹。

　　钱国祥先生指出，秦、西汉时期的云纹瓦当，当心内图案纹饰较平，饰有四叶纹、柿蒂纹、多重圆圈纹、网状方格纹、菱形纹、卷曲四涡纹等纹饰（见图4-5）。及至东汉时期的云纹瓦当，当心由东周、秦、西汉时期的较平当心逐渐发展为隆起圆乳钉状或隆起圆乳钉上饰有四叶纹等纹饰（见图4-6）。陈根远先生在梳理云纹形态演变的基础上，关注到了瓦当当面栉齿纹的出现，指出早期的云纹外圈没有栉齿，时代一般在西汉中期以前。到了西汉晚期，在云纹外增设一圈栉齿纹，这种情况一直延续到东汉。据此两说，瓦当的当心纹饰与栉齿纹的出现与否成为秦汉云纹瓦当断代的重要依据。

图4-5　秦、西汉时期的云纹瓦当[①]

图4-6　东汉时期的云纹瓦当[②]

建筑艺术博物馆馆藏云纹瓦当数量众多，种类丰富，纹饰精美，不乏罕见的图纹式样，笔者综合诸说，依类择其精品展示述析。

（一）卷云纹瓦当

如图4-7所示，当面以双重弦纹为界，分为内外二区，中央以双线"十"字纹穿过当心将当面分为4个扇区，每个扇区饰以独立的卷云纹，

---

① 钱国祥：《云纹瓦当在洛阳地区的发展与演变》，《中原文物》2000年第5期，33-39页。

② 钱国祥：《云纹瓦当在洛阳地区的发展与演变》，《中原文物》2000年第5期，33-39页。

内区饰以双重弦纹，对称分布箭头纹，当面纹饰十分罕见。

图4-7　卷云纹瓦当（双重弦纹）①

时代：汉　　　直径：15厘米　　　出土地：陕西

圆形，灰陶，色青白，制作不甚规整。

如图4-8所示，当面以双线"十"字纹贯穿交叉，将当面分割为4个扇区，每个扇区内饰一单线卷云纹，当心凸弦圆内四角饰一垂直的规矩纹（矩尺纹）。当面纹饰布局较为轻松，线条干净利落。

图4-8　卷云纹瓦当（规矩纹）②

时代：汉　　　直径：14厘米　　　出土地：陕西

圆形，灰陶，色青黑，制作规整。

①河北工程大学建筑艺术博物馆藏。

②河北工程大学建筑艺术博物馆藏。

如图4-9所示，当面以弦纹划分为内外区，当心饰一微凸大乳钉，环绕一圈凸起弦纹，外区以4组双线分为4个扇区，每个扇区饰以一组独立的卷云纹。当面线条粗细均匀、挺拔。

图4-9　卷云纹瓦当（独立卷云纹）[①]

时代：汉　　　直径：14厘米　　　出土地：陕西

圆形，灰陶，色青白，边轮残，造型规整。

如图4-10所示，当面以弦纹划分为内外区，内区当心饰一微凸大乳钉，环绕一圈凸起弦纹，外区虽无界格，但以当心乳钉为轴心，对称均匀分布4个卷云纹，间以4朵叶纹，边轮内侧饰以凸起弦纹，当面线条粗细均匀流畅。

图4-10　卷云纹瓦当（卷云纹和叶纹）[②]

时代：汉　　　直径：12.5厘米　　　出土地：陕西

圆形，灰陶，色青白，造型规整。

---

①河北工程大学建筑艺术博物馆藏。

②河北工程大学建筑艺术博物馆藏。

如图4-11所示，边轮内侧处有深凹槽，当面内陷，低于边轮。近边轮处饰双凸线纹带，带内饰网格纹，纹路细密整饬，中央以双线"十"字纹分为4个扇区，每个扇区饰以独立的卷云纹，当心饰以圆形凸弦纹，中心为微凸的大乳钉，乳钉周围等距饰以一周连珠纹。当面线条粗细匀净、挺拔。

图4-11　卷云纹瓦当（网格纹）[1]

时代：汉　　　直径：14厘米　　　出土地：陕西
圆形，灰陶，色青白，边轮宽厚，造型规整、厚重。

如图4-12所示，边轮内侧处有深凹槽，当面内陷，低于边轮，边轮饰以绳纹，十分罕见，近边轮处饰双凸线纹带，带内饰网格纹，纹路细密整饬，中央以双线"十"字纹分为4个扇区，每个扇区饰以独立的卷云纹，当心饰以圆形凸弦纹，中心为微凸的大乳钉，当面线条粗细匀净、挺拔，隐约可见红色底釉。

---

①河北工程大学建筑艺术博物馆藏。

图4-12 卷云纹瓦当（绳纹）①

时代：汉　　　直径：15厘米　　　出土地：陕西

圆形，灰陶，色青白，边轮宽厚，残，造型规整、厚重。

（二）蘑菇形云纹瓦当

如图4-13所示，当面以绳索纹为界，分为内外二区，边轮内侧饰以一圈凸弦圆，圆内以单线"十"字纹分为4个扇区，并以单线为柱，饰以单柱蘑菇形云纹，当面纹饰线条粗细相若，微凸，富有立体感，视觉清新朴实。

图4-13 蘑菇形云纹瓦当（绳索纹）②

时代：汉　　　直径：14.4厘米　　　出土地：陕西

圆形，灰陶，色青白，边轮凸起，窄，造型规整。

---

①河北工程大学建筑艺术博物馆藏。

②河北工程大学建筑艺术博物馆藏。

如图4-14所示，当面以弦纹划分为内外区，外区内侧饰以凸弦圆，圆内以单线"十"字纹分为4个扇区，并以单线为柱，饰以单柱蘑菇形云纹，当心饰一凸起大乳钉，环绕一圈弦纹，边轮有残。

图4-14　蘑菇形云纹瓦当（弦纹）①

时代：汉　　　直径：14厘米　　　出土地：陕西

圆形，灰陶，色青灰，宽边轮，残，造型规整。

如图4-15所示，当面以绳索纹为界，分为内外二区，单线"十"字纹穿过当心将当面分为4个扇区，并以单线为柱，饰以单柱蘑菇形云纹，间以勾云纹，当心有钮，每界格内饰一叶纹，叶纹两侧各施一小乳钉纹，当面纹饰丰富，富有韵律，十分罕见。

①河北工程大学建筑艺术博物馆藏。

图4-15　蘑菇形云纹瓦当（云纹和叶纹）[①]

时代：汉　　　直径：14.5厘米　　　出土地：陕西

圆形，灰陶，色青白，制作规整。

如图4-16所示，当面以凸弦圆为界，分为内外二区，外区内侧饰以一圈凸弦圆，以双线"十"字纹分为4个扇区，并以双线为柱，饰以双柱蘑菇形云纹，内区设小凸弦圆，圆内以"十"字纹分为4个扇区，与外区双线呈45度角，每个扇区饰一叶纹，整体呈柿蒂纹形态。当面纹饰线条粗细相若，微微凸起，富有立体感，视觉清新朴实。

图4-16　蘑菇形云纹瓦当（柿蒂纹）[②]

时代：汉　　　直径：18厘米　　　出土地：陕西

圆形，灰陶，色青白，边轮凸起，宽，造型规整。

---

①河北工程大学建筑艺术博物馆藏。

②河北工程大学建筑艺术博物馆藏。

如图4-17所示，当面以双重弦纹为界，分为内外二区，中央以双线"十"字纹穿过当心，将当面分为4个扇区，每个扇区饰以独立蘑菇形云纹，当心饰以圆形凸弦纹，中心饰以圆点纹，呈花蕊状分布，当面纹饰布局疏朗。

图4-17　蘑菇形云纹瓦当（圆点纹）[①]

时代：汉　　　直径：15厘米　　　出土地：陕西
圆形，灰陶，色青白，边轮略宽，残造型规整。

如图4-18所示，当面以"十"字纹为界，分为内外二区，外区以双线"十"字纹将当面分为4个扇区，每区各饰一组蘑菇形云纹，当心为菱形网格纹，边轮内侧饰双重凸起弦纹，当面纹饰罕见。

---

①河北工程大学建筑艺术博物馆藏。

图4-18　蘑菇形云纹瓦当（菱形网格纹）[1]

时代：汉　　　直径：15厘米　　　出土地：陕西

圆形，灰陶，色青白，边轮凸起，窄，制作不甚规整。

（三）羊角形云纹瓦当

如图4-19所示，当面以弦纹划分为内外区，当心饰一微凸大乳钉，环绕一圈凸起弦纹，外区以4组单线将当面分为4个扇区，每个扇区饰以一组独立的羊角形云纹，边轮内侧饰以凸起弦纹，当面线条粗细均匀、挺拔。

图4-19　羊角形云纹瓦当（独立羊角形云纹）[2]

时代：汉　　　直径：13厘米　　　出土地：陕西

圆形，灰陶，色青白，造型规整。

---

①河北工程大学建筑艺术博物馆藏。

②河北工程大学建筑艺术博物馆藏。

如图4-20所示，当面以4片叶纹分为内外区，当心饰以微凸大乳钉，外区无明显界格，均匀分布4组阴刻羊角形云纹，间以黻纹，当面线条凹凸分明，线条干净，纹饰较为罕见。

图4-20　羊角形云纹瓦当（阴刻羊角形云纹）[①]

时代：汉　　　直径：12厘米　　　出土地：陕西

圆形，灰陶，色青白，边轮略宽，凸起，造型规整。

如图4-21所示，当面以凸弦纹为界，分为内外二区，外区内侧饰以一圈凸弦圆，圆内以双线"十"字形将当面分为4个扇区，并以双线为轴，饰对称羊角形云纹，内区设小凸弦圆，圆外均匀饰以一周连珠纹，圆内饰以一枚大乳钉。当面纹饰线条粗细相若，微微凸起，富有立体感，视觉清新朴实。

---

①河北工程大学建筑艺术博物馆藏。

图4-21　羊角形云纹瓦当（连珠纹）①

时代：汉　　　直径：15.5厘米　　　出土地：陕西

圆形，灰陶，色青白，边轮残，造型规整。

如图4-22所示，当面以弦纹为界分为内外区，当心饰以凸起弦纹，外区以4组单线分为4格，每格饰以一组独立的羊角形云纹，边轮内侧饰以凸起弦纹，当面线条粗细均匀、挺拔。

图4-22　羊角形云纹瓦当②

时代：汉　　　直径：15.6厘米　　　出土地：陕西

圆形，灰陶，色青白，边轮略宽，残造型规整。

---

① 河北工程大学建筑艺术博物馆藏。

② 河北工程大学建筑艺术博物馆藏。

如图4-23所示，当面以弦纹为界，分为内外二区，当心饰以小弦圆，内布3个小乳钉，呈花蕊状，外区以双线"十"字纹将当面分为4个扇区，每个扇区饰以独立的羊角形云纹，云纹间隙杂以三角纹，边轮内侧饰一凸弦圆，凹凸分明。

图4-23　羊角形云纹瓦当（三角纹）[①]

时代：汉　　　直径：16.5厘米　　　出土地：陕西

圆形，灰陶，色青白，边轮略窄，残造型规整。

（四）反云纹瓦当

如图4-24所示，当面以中央弦纹划分为内外区，内区当心饰5枚乳钉，间以4朵叶纹，呈花蕾状，外区以4组单线分为4个扇区，每个扇区饰以一组独立的反向卷云纹。边轮外侧饰以凸起弦纹，当面线条粗细均匀、挺拔。

①河北工程大学建筑艺术博物馆藏。

图4-24　反云纹瓦当（花蕾纹）①

时代：汉　　　直径：13厘米　　　出土地：陕西

圆形，灰陶，色青灰，宽边轮，造型规整。

如图4-25所示，当面以中央凸弦纹为界，分为内外二区，外区以双线"十"字纹将当面分为4个扇区，并以双线为柱，饰以反向蘑菇形云纹，内区当心为菱形网格纹，边轮内侧饰凸起弦纹。

图4-25　反云纹瓦当（蘑菇形）②

时代：汉　　　直径：14.5厘米　　　出土地：陕西

圆形，灰陶，色青白，边轮凸起，窄，制作不甚规整。

---

①河北工程大学建筑艺术博物馆藏。

②河北工程大学建筑艺术博物馆藏。

（五）连云纹瓦当

连云纹是云朵纹（卷云纹）、蘑菇形云纹等彼此勾连构成的云纹式样。

如图4-26所示，当面以弦纹为界，分为内外二区，内区当心饰以小弦圆，内布圆点纹，呈花蕊状，外区以双线"十"字纹将当面分为4个扇区，每个扇区饰卷云纹，彼此勾连环绕，边轮内侧饰一凸弦圆。

图4-26　连云纹瓦当（花蕊纹）[①]

时代：汉　　　直径：14.5厘米　　　出土地：陕西

圆形，灰陶，色青白，边轮略宽，残造型规整。

如图4-27所示，当面以凸弦圆为界，分为内外二区，外区近边轮处设凸弦圆，并以双"十"字纹分为4个扇区，每区各饰一个卷云纹，彼此勾连环绕，云纹线条层层曲转回环，当心为一小凸弦圆，延伸出4条箭头纹，饰箭头所指框一为菱形格。

---

①河北工程大学建筑艺术博物馆藏。

图4-27　连云纹瓦当（箭头纹）[1]

时代：汉　　　直径：14.5厘米　　　出土地：陕西

圆形，灰陶，色青黑，边轮较窄，凸起较高，制作规整。

如图4-28所示，当面以凸弦圆为界，分为内外二区，外区近边轮处设凸弦圆，并以双"十"字纹分为4个扇区，每区各饰一个卷云纹，彼此勾连环绕，云纹线条层层曲转回环，脉络清晰柔美，当心菱形网格条纹与歪曲"十"字呈45度夹角，中间饰以"田"字格，线条方向与歪曲双线一致。

图4-28　连云纹瓦当（菱形网格纹）[2]

时代：汉　　　直径：15厘米　　　出土地：陕西

圆形，灰陶，色青黑，边轮较窄，凸起较高，制作规整。

如图4-29所示，当面以凸弦圆为界，分为内外二区，外区近边轮处设凸弦圆，并以双"十"字纹分为4个扇区，每区各饰一个卷云纹，彼此

[1]河北工程大学建筑艺术博物馆藏。

[2]河北工程大学建筑艺术博物馆藏。

勾连环绕，反向则为双柱蘑菇形云纹，云纹线条方正笔直，内区当心为
细密的"十"字形网格纹。

图4-29　连云纹瓦当（"十"字形网格纹）[①]

时代：汉　　　直径：14.5厘米　　　出土地：陕西

圆形，灰陶，色青黑，边轮较窄，凸起较高，制作规整。

如图4-30所示，当面以弦纹划分为内外区，内区以当心圆钮为轴延
对称伸出4片叶纹，外区以单线将当面分割为4个扇区，每个扇区内饰一
卷云纹，彼此勾连环绕，边轮内侧饰以凸起弦纹。

图4-30　连云纹瓦当（叶纹）[②]

时代：汉　　　直径：14.5厘米　　　出土地：陕西

圆形，灰陶，色青黑，制作规整。

①河北工程大学建筑艺术博物馆藏。
②河北工程大学建筑艺术博物馆藏。

如图4-31所示，边轮内侧设以凸弦圆，圆内有双线以"十"字形纹分为4个扇区，各区内饰一卷云纹，彼此勾连环绕，以中轴为对称，当心设小凸弦圆，内饰光素乳钉，微凸，整个当面线条婉转柔美，可见红色底釉。

图4-31　连云纹瓦当（红色底釉）[①]

　时代：汉　　　直径：11.5厘米　　　出土地：陕西
圆形，灰陶，色红，边轮略宽，造型规整。

如图4-32所示，当面以弦纹划分为内外区，当心饰7枚乳钉，呈花蕊状，外区以4组双线分为4个扇区，每个扇区饰以一组卷云纹，彼此勾连环绕，似蘑菇形云纹。边轮外侧饰以双重凸起弦纹，当面线条粗细均匀、挺拔，富有立体感。

图4-32　连云纹瓦当（蘑菇形）[②]

　时代：汉　　　直径：15.4厘米　　　出土地：陕西
圆形，灰陶，色青灰，宽边轮，造型规整。

①河北工程大学建筑艺术博物馆藏。

②河北工程大学建筑艺术博物馆藏。

如图4-33所示，当面以双重同心圆为界，分为内外二区，外区以双线"十"字纹将当面分为4个扇区，每个扇区内饰一蘑菇形连云纹，边轮内侧饰以凸起弦纹，当心凹陷。

图4-33　连云纹瓦当（同心圆）①

时代：汉　　　直径：13.5厘米　　　出土地：陕西

圆形，灰陶，色青白，制作规整。

如图4-34所示，当面以弦纹划分为内外区，当心饰一微凸大乳钉，环绕一圈凸起弦纹，外区以4组双线分为4个扇区，每个扇区饰以一蘑菇形连云纹，整体似后期如意云纹式样。边轮外侧饰以双重凸起弦纹，当面线条粗细均匀、挺拔。

图4-34　云纹瓦当（如意云纹）②

时代：汉　　　直径：15厘米　　　出土地：河北

圆形，灰陶，色青灰，宽边轮，造型规整。

---

①河北工程大学建筑艺术博物馆藏。

②河北工程大学建筑艺术博物馆藏。

综观秦汉时期的云纹瓦当，多为四分式，即以单线或双线将当面均匀隔成4个扇面，扇面内分别饰以一组云朵纹（卷云纹）、蘑菇形云纹、羊角形云纹或反云纹，部分云纹尾线与隔线相接，呈连云纹形。可以说，秦汉云纹瓦当不仅数量众多、种类丰富、纹饰繁复、变幻莫测，而且各类纹饰的创作手法和艺术风格之间相互借鉴，例如，卷云纹瓦当的纹饰在细节处理上借鉴了羊角云纹的手法，整体有时也会呈现类似蘑菇云纹的式样，可以说此时的云纹瓦当出现了相互交融、杂糅的趋势。此外，东汉晚期开始出现了一种在四扇面云纹图案外加饰有一圈小三角纹缘带或小短线纹缘带的瓦当，这成为秦汉晚期云纹瓦当的典型特征。

二、文字瓦当

文字瓦当最早出现于战国时期，即前文所述的齐国临淄遗址中出土的"天齐"瓦当，然而此时的文字瓦当极为罕见，属于个别现象，并未大规模流传开来，及至秦朝建立，文字瓦当亦不多见，目前可考的秦文字瓦当主要有宫殿瓦当、市署瓦当、地名瓦当、吉语瓦当、干支瓦当等，主要用于等级较高的建筑。

文字瓦当的大量出现和快速发展当属西汉时期，这也是秦汉瓦当纹饰发展的一大创举。在目前出土的汉代瓦当中，文字瓦当占比较高，其字数自1至12字不等（见图4-35、图4-36），其中又以四字瓦当最为常见，唯不见11字瓦当。字体则多为阳纹篆书，依据书写内容主要分为名称瓦当或吉语瓦当，名称瓦当书写内容多为宫殿、御苑、祠庙、官署、姓氏的名称，吉语瓦当则多书写祝祷吉祥之语，文字瓦当为研究历史地理以及时人精神诉求提供了直接、可靠的实物资料。东汉以后，文字瓦当日趋衰落，数量减少。在魏晋南北朝时期受佛教文化的影响，莲花纹、兽面纹成为瓦当纹饰的主流，文字纹饰更趋没落。

图4-35　文字瓦当[①]

图4-36　文字瓦当[②]

建筑艺术博物馆馆藏秦汉文字瓦当8件，其中以四字吉语瓦当为主，含官邸名称瓦当1件，具体形制如下。

如图4-37所示，此瓦当无当心，虽无界格，但将"临邸"二字分别左右拆分置于四角，十分罕见，布局饱满，线条沉雄有力，边缘内侧饰有一圈凸弦纹，疑为临邸官员住舍所用。

---

①赵丛苍主编；戈父编著：《古代瓦当》，中国书店，1997年版，第108页。

②赵丛苍主编；戈父编著：《古代瓦当》，中国书店，1997年版，第172页。

图4-37　"临邸"瓦当[①]

时代：汉　　　直径：13.5厘米　　　出土地：陕西

圆形，灰陶，色青白，边轮残，造型规整。

如图4-38所示，当心无钮，当面以单线"十"字纹分为4个扇区，每个扇区内各饰一字，阳纹篆书，行文从右至左、由上至下，文字结构依内侧垂直、外侧弧圆作相应变化，随瓦当形状线条变换自如，笔意刚柔相济，边轮内侧饰有一圈凸弦纹。

图4-38　"千秋万岁"瓦当

时代：汉　　　直径：13厘米　　　出土地：陕西

圆形，灰陶，色青灰，边轮窄，造型规整。

如图4-39所示，当面以双线"十"字纹分为4个扇区，每个扇区内各

---

①河北工程大学建筑艺术博物馆藏。

饰一字，为阳纹篆书，行文由上而下、从右至左。当心饰以浑圆凸起大乳钉，环绕一圈凸起弦纹。

图4-39 "长乐未央"瓦当

时代：汉　　　直径：17.5厘米　　　出土地：陕西

圆形，灰陶，色青灰，边轮高于当面，造型规整。

如图4-40所示，当面以双线"十"字纹分为4个扇区，各扇区分饰一字，为阳纹篆书，行文由上而下、从右至左。其中，"乐""未""央"三字下部纵长，笔画精劲利落，笔意挺拔俊秀，当心饰以浑圆凸起大乳钉，周围饰以连珠纹8个。

图4-40 "长乐未央"瓦当①

时代：汉　　　直径：16.5厘米　　　出土地：陕西

圆形，灰陶，色青白，边轮高于当面，残，造型整饬。

①河北工程大学建筑艺术博物馆藏。

如图4-41所示，当心有钮，当面以单线"十"字纹分为4个扇区，扇区内各饰一字，阳纹篆书，行文从右至左、由上而下，文字结构依内侧垂直、外侧弧圆作相应变化，笔意刚柔相济。

图4-41　"与天无极"瓦当[①]

时代：汉　　　直径：14厘米　　　出土地：陕西

圆形，灰陶，色青灰，边轮窄，残，制作规整。

如图4-42所示，当面以中心凸弦纹分为内外二区，内区中心饰以浑圆凸起的大乳钉，周围环绕连珠纹一周，外区以双线"十"字纹分为4个扇区，扇形内外凸弦纹连贯一体。扇区内各饰一字，阳纹篆书，随形就势，较为清瘦，行文从右至左、由上而下，书风整肃。

---

①河北工程大学建筑艺术博物馆藏。

图4-42　"长生无极"瓦当[①]

时代：汉　　直径：17.5厘米　　出土地：陕西

圆形，灰陶，色青灰，边轮高于当面，宽，制作规整。

如图4-43所示，当心设平顶饼状大乳钉及双线凸弦线，边轮内侧亦设凸弦线，中间部位饰以当纹，无界格。文字从右至左、由上而下排列。书体为阳纹篆书，字形随形就势，形散神聚，"与""无"二字字形宽扁，总体布局上紧下松。

图4-43　"与华无极"瓦当[②]

时代：汉　　直径：15厘米　　出土地：陕西

圆形，灰陶，色青白，边轮窄，较高，残，造型规整。

①河北工程大学建筑艺术博物馆藏。

②河北工程大学建筑艺术博物馆藏。

　　"秦砖汉瓦"是秦汉时期砖瓦艺术发展至巅峰时刻的真实写照与世人对当时精湛砖瓦艺术的由衷感叹。秦汉时期，在封建大一统王朝中央集权政治统治与"罢黜百家，独尊儒术"的文化背景下，瓦当形制一改春秋战国时期半圆形、圆形参差混杂的现状，渐趋统一、规整、固定，圆形瓦当最终在此时取代了半圆形瓦当，成为秦汉时期乃至此后整个古代社会绝对主流的瓦当形制，为瓦当的艺术创作提供了更为广阔的空间。在瓦当纹饰方面，此前列国瓦当丰富多彩、地域特征鲜明的图像、图案纹饰逐渐消失，在图像纹饰中，除形象生动的四神外，秦汉时期精品罕见，取而代之的则是云纹瓦当和文字瓦当的昌盛。云纹一跃成为秦汉时期最为流行的图案纹饰，云朵纹、蘑菇形云纹、羊角形云纹、反云纹、连云纹等各式云纹式样争奇斗艳、线条流畅、变幻莫测。此外，文字纹饰也异军突起，成为此时最亮眼的纹饰新星，其中吉语瓦当与地名瓦当占据多数，字体多为阳刻篆文，后期出现隶化的倾向。文字瓦当不仅是秦汉时期瓦当艺术的精品，更是我们了解时人精神世界的直接物证，同时也是考察其时书法、篆刻艺术的重要实物佐证，是古代劳动人民的辛勤与智慧的结晶。大一统的时代背景催生了瓦当艺术的繁荣。盛极而衰，自然法理。伴随着东汉中后期政局崩坏，云纹瓦当、文字瓦当逐渐减少，而少数民族内迁、佛教文化传播则推动了莲花、兽面纹饰的发展，依旧不乏精品，但此时的瓦当艺术已渐趋没落，再难重现秦汉的辉煌。

第五章　魏晋隋唐瓦当

第一节　历史背景

东汉末年镇压黄巾起义中崛起的地方豪强，逐鹿中原，在经历了连年的战争后，初步形成了魏、蜀、吴三足鼎立的局面。公元220年，曹丕称帝，国号魏，史称曹魏，东汉政权至此宣告终结，随后蜀汉、孙吴政权相继建立，三足鼎立的政局正式形成，但这种局面并未维持长久。公元263年，曹魏击败蜀汉，直接与孙吴政权对峙，其后不久曹魏政权随即覆灭。公元265年，河内司马氏历经祖孙三代权力的经营与传承，司马炎代魏自立，国号晋，史称西晋。西晋建立后，孙吴政权日薄西山，大势已去，经过十余年的谋划与准备，公元280年，西晋大举伐吴，一击攻破建康，完成了全国的统一，结束了东汉晚期以来近百年的动荡局面。然而，好景不长，代表世家大族利益的西晋统治集团腐朽奢侈，不久就爆发了争权夺利的"八王之乱"，迁延日久，加之民族矛盾不断激化，少数民族挥师进入中原地区，西晋政权处于内外交困之中，终于在历经四主后于公元317年宣告灭亡。此后，内迁中原地区的鲜卑、匈奴、羯、氐、羌等民族纷纷建立了政权，并展开了激烈的战争，直至公元386年北魏立国，公元439年统一黄河流域，这段时间北方地区政权林立，史称十六国时期。与此同时，西晋宗室琅琊王司马睿也在建康重建政权，国号沿用晋，史称东晋。自此再次开启了南北政权对立的局面，其间北方虽有前秦苻坚的短暂统一，但由于淝水之战的失利，北方统一局面随之瓦解。

公元386年，道武帝拓跋珪复国，改国号代为魏，史称北魏，其后

征战南北，消灭北方其他少数民族政权。公元439年，太武帝拓跋焘统一黄河流域，此后百余年间，北方地区相对安定，生产逐渐恢复。及至孝文帝时，将都城由平城迁往洛阳，实行汉化改革，推行均田制、俸禄制、三长制等，在政治、经济、文化、生活等各个方面效仿汉族政权，加速了民族融合、文化交流的进程，但也动摇了北魏政权的根基，激化了鲜卑族旧贵族与新世族之间的矛盾。公元534年，北魏政权灭亡，随后拓跋氏以邺城和长安为中心，建立了东魏与西魏政权，但两大对立政权的实际权力却掌握在渤海高氏与鲜卑宇文氏手中，随即东魏、西魏政权被北齐、北周所取代。公元577年，北齐又为北周所灭，北方再次归于一统。及至公元581年，杨坚代周自立，这一时期历史上称之为北朝。

公元317年，琅琊王司马睿于建康重建晋政权，史称东晋，立足江东之初，司马氏政权风雨飘摇，后来在北方渡江士族与江南士族的联合支持下逐渐稳固，形成了皇族与士族共同执权的局面，"王与马共天下"即当时政局的真实写照，王、庾、桓、谢四大家族先后掌握政权，士族门阀政治在东晋时期发展至顶峰。公元420年，北府军将领出身的刘裕废晋自立，此后直至公元589年隋朝统一天下，其间，宋、齐、梁、陈政权先后更替，史称南朝。

自曹魏建立至南朝灭亡，三百六十余年，其间虽有短暂的统一，但分裂是这一阶段的主要特征，历史上称之为魏晋南北朝，这是中国历史上再次陷入战火连绵、割据分裂的时期，同时也是民族融合、文化交流最为频繁和密切的时期。

公元581年，北周政权外戚杨坚代周自立，建立隋朝，结束了北方地区战乱纷争的政局，然而此时隋朝内外交困，外有突厥部族的威胁，内有北周宗室及旧臣的激烈反对，经过八年的苦心经营，隋朝的统治渐趋稳固，随即对南方陈朝发动战争，挥师南下，一举将其击溃，结束了西晋末年以来战乱纷争的局面，再次开启了封建大一统盛世王朝的序幕。晚年的隋文帝猜忌群臣，施法严酷，随后即位的炀帝好大喜功，三征高丽，损失惨重，巡游江东，民怨沸腾，农民起义和贵族反叛此起彼伏，风起云涌。

公元618年，出身关陇贵族集团的李渊建立唐朝，此后南征北战，消灭地方割据势力，统一天下。玄武门之变后，秦王李世民登基，即唐太宗，此后高宗、武后直至玄宗前期，大唐前期几位君主励精图治，社会稳定，经济繁荣，国富兵强，出现了"贞观之治""开元盛世"的治世盛景，及至唐玄宗中后期，沉迷享乐，国势衰颓，安史之乱爆发成为唐王朝由盛转衰的转折点。唐朝中后期，各地节度使掌握兵权，割据一方，成为集权统治的离心力量，同时，朋党之争、宦官执权也极大削弱了唐朝的统治，加之天灾连绵，经济衰退，社会矛盾不断激化，公元884年黄巢起义爆发，极大冲击了唐的统治地位，在镇压农民起义的过程中，朱温逐渐掌握了唐朝的最高统治力量，皇权名存实亡。

公元908年，朱温废哀帝自立，建立梁朝，史称后梁，其统治区域局限于北方，且政权极不稳固，地方割据势力依旧强大，政权更迭频繁，唐、晋、汉、周等政权相继取而代之，此时南方亦十余政权分立，史称五代十国，也是政权割据分裂的混乱时期，其在政治和文化上均无太多建树。公元960年，后周大将赵匡胤黄袍加身，建立宋朝，此后十余年间，先后消灭南方诸政权。然而，唐朝覆灭后，契丹、党项、女真、蒙古等北方少数民族逐渐强大，先后建立了辽、西夏、金、元等政权，军事实力不容小觑，对中原地区虎视眈眈，成为威胁宋朝统治的心腹大患，宋朝自建立之初便与辽、金、西夏、元等少数民族政权之间的战争不断，但多以失败告终，赔款割地。公元1279年，元朝军队挥师南下，攻克都城临安，南宋政权终告完结，结束了唐末以来长期动乱的局面，统一多民族国家得到进一步巩固，积极开拓，疆域超越历代。

第二节　典型瓦当

　　魏晋南北朝时期，政权对峙，朝代更迭频繁，局势动荡不宁，社会经济遭到严重破坏，加之战火的侵袭，大型建筑也多遭摧毁，因此，在经历了汉代的空前发展后，此时的瓦当艺术再不复汉代的繁荣景象。目前出土瓦当较多的地区多为此时各政权的政治中心所在，如曹魏、后赵、东魏、北齐政权的都城——邺城，北魏政权的两个政治中心平城和洛阳，以及南朝的政治中心"六朝古都"建康等。

　　综观魏晋南北朝时期的瓦当，形制均为圆形，质地坚硬细密，纹饰也依旧包括图像、图案与文字三大类型。在图案纹饰中，前期流行的各式云纹，魏晋时期已呈渐颓之势，考古发掘出土的魏晋云纹瓦当数量较少，且多因循汉代遗风，并无太多创新，邺城遗址出土魏晋云纹瓦当（见图5-1），其边轮较宽，此外，典型特征为当面中心似圆饼（圆泡状），或饰柿蒂纹。部分魏晋云纹瓦当外还出现了锯齿状纹饰。钱国祥先生指出，云纹外饰锯齿或联齿状纹饰的瓦当在洛阳城遗址中出现最早的地层为曹魏、西晋时期，及至北魏时期云纹瓦当几乎不见，且秦汉时期也尚未见有此类纹饰，据此推论，云朵的外圈增加了一周小短斜线或三角形联齿状构成的纹饰带（见图5-2），当心仍为凸起的圆乳钉状，上或为素面或饰有多瓣花叶状纹饰。此二型瓦当归类于曹魏、西晋时期。

图5-1　云纹瓦当[①]

图5-2　云纹瓦当[②]

　　除此之外，前期盛极一时的文字瓦当，此时也渐趋衰落，考古发掘出土的魏晋文字瓦当亦不多见，同时，目前所见此时的文字瓦当，其构图布局较之秦汉时期也发生了较大的变化。如前文所述，秦汉文字瓦当

---

①申云艳：《中国古代瓦当研究》，文物出版社，2006年版，第164页。

②钱国祥：《云纹瓦当在洛阳地区的发展与演变》，《中原文物》2000年第5期，33-39页。

多将当面均匀四分，魏晋至南北朝时期，则改变了这一做法，先是在凸起的当心左右两侧设立纵线，分为内外两区，在当心上下各书一字，当心两侧纵线之外各书一字，两侧上下角再饰一乳钉纹（见图5-3）。南北朝后期则在此基础上，于当心上下各增置一条横线，与两条纵线相交，形成"井"字形隔栏，在井字四角各置一乳钉纹（见图5-4）。此上字体均为阳纹隶书，竖读。

图5-3　"富贵万岁"瓦当①

图5-4　"万岁富贵"瓦当②

---

①焦智勤：《邺城瓦当分期研究》，《殷都学刊》2007年第2期，43-54页。

②赵丛苍主编；戈父编著：《古代瓦当》，中国书店，1997年版，第183页。

　　建筑艺术博物馆藏魏晋南北朝时期云纹瓦当2件，文字瓦当1件，半人面瓦当1件，具体形制如下。

　　如图5-5所示，边轮内侧设以凸弦圆，圆内环绕一圈锯齿纹，内有三重弦线，以"十"字纹分为4个扇区，各区内饰一蘑菇形连云纹，以中轴为对称，当心设小凸弦圆，内饰光素大乳钉，微凸，整个当面线条婉转柔美。

图5-5　云纹瓦当（线条柔美）[①]

　　时代：魏晋　　　　直径：12.5厘米　　　出土地：河南
　　圆形，灰陶，色，边轮略宽，凸起，造型规整。

　　如图5-6所示，当面以内扣锯齿纹划分为内外区，当心饰大乳钉，环绕一圈弦纹，弦纹外饰锯齿纹，外区以4组双线分为4个扇区，每个扇区饰以一组独立的蘑菇形云纹。边轮外侧饰凸起向外锯齿纹，当面线条繁复，布局规整。

---

　　①河北工程大学建筑艺术博物馆藏。

图5-6 云纹瓦当（线条繁复）①

时代：魏晋　　　直径：13.5厘米　　　出土地：河南

圆形，灰陶，色青灰，宽边轮，造型规整。

如图5-7所示，当面以两道纵向平行的双重凸弦纹为界，分为3个部分，平行的双重凸弦纹与当心一圈凸弦纹相交，中间饰以光肃浑圆的大乳钉，"万""年"二字分居乳钉上下位置，在双线左右两侧分别饰以"富""贵"二字，结字多用减笔，结构方正，多有隶意，边轮内侧饰有一圈凸弦纹。此类瓦当及至隋唐时期消失不见，存量较少，具有鲜明的时代特征，收藏价值较高。

图5-7 "万年富贵"瓦当②

时代：后赵　　　直径：13厘米　　　出土地：河北

圆形，灰陶，色青灰，宽边轮造型规整。

---

①河北工程大学建筑艺术博物馆藏。

②河北工程大学建筑艺术博物馆藏。

如图5-8所示，形制为半圆形，当面为人面浮雕，可见目、鼻，虽为残器，当后可见续接痕迹。

图5-8　半人面瓦当

时代：后赵　　　直径：11.5厘米　　　出土地：河北

圆形，灰陶，色黑，窄边轮，造型规整，残。

魏晋南北朝时期，图案瓦当、文字瓦当颓势渐显，与之形成鲜明对比的是图像瓦当大行其道，其中尤以莲花纹瓦当与兽面纹瓦当最为突出。魏晋南北朝时期是中国历史上文化交流、碰撞、融合的重要阶段，尽管此时不同民族、地区政权之间战争频繁，但战争本身也是推动民族之间以及南北之间文化交流的方式之一，加之和平时期的遣使、联姻等，此时文化再次呈现多元、兼容、融合的局面，而佛教信仰在全国范围内的流行便是此时文化交流的重要佐证。魏晋南北朝时期佛教最为昌盛，依据史料记载，北魏时期仅洛阳城内就有寺院1367所，同时期的"南朝四百八十寺"，也是此时佛教兴盛的生动写照。伴随佛教文化在中土的流行与传播，器物的形制、纹饰以及内涵等也受到了佛教文化元素的影响，瓦当艺术的发展亦不例外，其最为直观的表现就是瓦当纹饰的变化，此时，两种佛教圣物——莲花与神兽，其形象逐渐发展成为此时最为常见的瓦当纹饰。魏晋南北朝时期的瓦当纹饰在继承汉代遗风的基础上，开创了莲花纹与兽面纹的先河，起到了承上启下的重要作用，对于后世隋唐、宋元乃至明清时期的瓦当纹饰都产生了重要的影响。

隋唐瓦当出土较多的地区主要为陕西长安城遗址、河南洛阳城遗址、江苏扬州唐城遗址、河北邯郸常乐寺遗址等，此外，在四川、吉林、内蒙古、云南、新疆等地的唐代遗址中亦有瓦当的出土，可见当时瓦当的使用范围更加广泛。综观隋唐时期的瓦当，其形制依旧为圆形，边轮较宽，而纹饰面积相对较小，至于瓦当的纹饰，此时图像纹饰成为主流，前期盛行莲花纹饰，后期则以兽面纹饰更为普遍，反映出隋唐时期佛教文化的兴盛，与之相应的，图案和文字瓦当此时均较为罕见。可以说，隋唐瓦当是魏晋南北朝瓦当的延续，其在瓦当的艺术性、装饰性上并无太多的创新与发展，再难恢复秦汉时期瓦当艺术的繁荣景象。

一、莲花纹瓦当

莲花纹瓦当最早出现于战国时期的秦国，彼时莲花纹饰生动形象，取法自然，南北朝直至隋唐时期的莲花纹饰则不同，其象征意味浓厚，更倾向于装饰性能，这与时人的宗教信仰密切相关。莲花作为佛教圣物，其经典中佛祖坐于莲花之上、脚下"步步生莲"、菩萨手持莲花等记载屡见不鲜。魏晋南北朝时期，伴随佛教在中土的迅速传播，僧尼、信众日增，此时莲花就作为佛教象征的理想的花朵，时人对于佛教的崇奉催生了莲花纹饰的发展，尤其南北朝时期崇尚释教，举国皆然，无分南北，因此瓦当中的莲花纹饰取代秦汉时期盛行已久的云纹绝非偶然，而莲花纹瓦当的出现和普遍使用，逐渐代替了秦汉时期的云纹瓦当，这成为中国古代建筑砖瓦构件发展过程中的阶段性特征之一。

　　南北朝时期莲花纹瓦当出土最多的区域主要集中于当时的政治中心，即北魏都城平城（今山西大同）、洛阳，东魏、北齐都城邺城，以及南朝政治中心建康等地，其中尤以洛阳、邺城出土数量为多，质量颇佳。综观北朝时期的莲花纹瓦当，其形态呈现阶段化的转变：主题纹饰——莲花，早期以宝装复瓣莲花纹为主（见图5-9），后期则主要为单瓣莲花纹（见图5-10），花瓣形状由肥硕逐渐变为窄尖；至于当心，早期受汉魏云纹瓦当影响，主要为凸起的乳钉状纹环绕一圈小连珠纹，后期被较低平的莲蓬状花蕾所取代。以上为南北朝时期莲花纹瓦当形态演变的基本规律。

图5-9　莲花纹瓦当（早期）①

---

①李梅：《中原地区莲花纹瓦当的类型与分期》，《文物春秋》2002年第2期，31-40页。

图5-10　莲花纹瓦当（后期）[①]

建筑艺术博物馆藏莲花纹瓦当多件，具体形制如下。

如图5-11所示，当心为凸起大乳钉，承袭汉魏云纹瓦当的当心特点，周围环绕一圈连珠纹，共同构成花蕾，周围环绕双层复瓣莲花纹6瓣，有明显早期莲花图案特征。瓦当表面抹成黑光面，陶质细密紧实，火候较高，制作规整，图案纹饰整齐划一，边轮宽平，边轮内当面纹饰为凹凸明显的六瓣宝装莲花图案，整个莲花构图新颖，线条均匀流畅，莲心为凸起的圆形乳钉，周边低凹处环绕一周细密的小连珠纹，构成莲花花蕊。莲花为宽双瓣，花瓣较肥硕，隆起较高，明显高于周边轮廓缘面。

---

①李梅：《中原地区莲花纹瓦当的类型与分期》，《文物春秋》2002年第2期，31-40页。

图5-11　复瓣双层莲花纹瓦当（双瓣宝装式莲花纹瓦当）[①]

时代：北朝　　　直径：15厘米　　　出土地：河南

圆形，灰陶，色黑，宽边轮，造型规整。

如图5-12所示，边轮略窄，当心为凸起大乳钉，承袭汉魏云纹瓦当的当心特点，周围环绕一圈连珠纹，共同构成花蕾，周围环绕双层复瓣莲花纹六瓣，有明显早期莲花图案特征。是北魏洛阳城遗址中较为常见的瓦当类型。

图5-12　复瓣莲花纹瓦当[②]

时代：北朝　　　直径：14.3厘米　　　出土地：河南

圆形，灰陶，色青灰，窄边轮，造型规整。

---

①河北工程大学建筑艺术博物馆藏。

②河北工程大学建筑艺术博物馆藏。

　　田野考古实践发现，单瓣莲花出现的时间晚于复瓣莲花，南北朝时期，出土单瓣莲花纹瓦当较多的地区除洛阳外，还有东魏、北齐政权的都城——邺城，史载"齐自河清之后，逮于武平之末，土木之功不息"[①]，北朝政权在此展开了大规模的工程建设，故而遗留了数量不菲的珍贵的瓦当实物资料。目前邺城遗址核桃园1号建筑基址、5号建筑基址出土的瓦当均为单瓣莲花纹瓦当，依据莲瓣朝向边缘处为尖突或圆滑，可将其划分为尖瓣形与圆瓣形两种类型，尖瓣形数量较多，造型较为细致，制作也比较规整。

　　学者李梅依据洛阳地区尖瓣形莲花纹的形状特点，将其分为矛头状、橄榄球状、菊瓣形等类型。其中矛头状莲花瓣在北魏邺城遗址也较为常见，其特点是外部尖锐，两肩凸起，中间起脊，莲瓣较宽，排列疏松，间纹以"T"字形最为常见。

　　如图5-13所示，瓦当陶质细密紧实，火候较高，制作规整，图案纹饰整齐划一，边轮宽平。当面设内外二区，内区当心9粒莲实状连珠纹，中心1粒较大，环绕8粒较小，为莲蓬状，外区饰以8瓣凸起饱满的莲瓣，凸起明显，莲瓣较宽，脊线突出，莲瓣间饰以"T"字形的叶纹，边轮低平。

---

　　①李百药撰：《北齐书》卷八《后主纪》，中华书局，1972年版，第116页。

图5-13　莲花纹瓦当（尖瓣形）①

时代：北朝　　　直径：16厘米　　　出土地：河北

圆形，灰陶，色黄，宽边轮，残，造型规整。

　　如图5-14所示，瓦当陶质细密紧实，火候较高，制作规整，图案纹饰整齐划一，边轮宽平。当面设内外二区，内区当心9粒均匀的莲实状连珠纹为莲蓬状，较为低平，外区饰以11瓣凸起的莲瓣，莲瓣瘦削，间饰以"T"字形的叶纹。

图5-14　莲花纹瓦当（矛头状）②

时代：北朝　　　直径：15厘米　　　出土地：河北

圆形，灰陶，色黑，宽边轮，残，造型规整。

---

①河北工程大学建筑艺术博物馆藏。

②河北工程大学建筑艺术博物馆藏。

如图5-15所示，瓦当表面抹成黑光面，陶质细密紧实，火候较高，制作规整，图案纹饰整齐划一，边轮宽平。当面设内外二区，内区当心8粒均匀的莲实状连珠纹，为莲蓬状，外区饰以8瓣凸起饱满的莲瓣，莲瓣间饰以明显的"T"字形叶纹。

图5-15　莲花纹瓦当（橄榄球状）①

时代：北朝　　　直径：16厘米　　　出土地：河北
圆形，灰陶，色深灰，宽边轮，残，造型规整。

如图5-16所示，瓦当陶质细密紧实，火候较高，制作规整，图案纹饰整齐划一，边轮宽平。当面设内外二区，内区当心9粒均匀的莲实状连珠纹，为莲蓬状，间隙为8瓣莲花纹，外区饰以11瓣凸起饱满的莲瓣，莲瓣间饰以"T"字形的叶纹，十分罕见。

①河北工程大学建筑艺术博物馆藏。

图5-16 莲花纹瓦当（菊瓣形）①

时代：北朝 　　直径：15厘米 　　出土地：河北

圆形，灰陶，色黑，宽边轮，残，造型规整。

相较于尖瓣形，圆瓣形莲花造型较为规整，但制作不是很细致。依据形态特征，可进一步细分为圆形和椭圆形。

如图5-17所示，瓦当表面抹成黑光面，陶质细密紧实，火候较高，制作规整，图案纹饰整齐划一，边轮宽平。当面设内外二区，内区当心8粒均匀莲实状连珠纹，为莲蓬状，外区饰以8瓣宽扁饱满的莲瓣，尾部上翘，莲瓣间饰以"T"字形的叶纹。

图5-17 莲花纹瓦当（圆瓣）②

时代：北朝 　　直径：17.5厘米 　　出土地：河北

圆形，灰陶，色深灰，宽边轮，造型规整。

①河北工程大学建筑艺术博物馆藏。
②河北工程大学建筑艺术博物馆藏。

如图5-18所示，瓦当制作规整，图案纹饰整齐划一，边轮宽平。当面设内外二区，内区当心7粒均匀莲实状连珠纹，为莲蓬状，外区饰以10瓣凸起饱满的莲瓣，莲瓣呈椭圆形，莲瓣间饰以短弦纹，较为罕见。

图5-18　莲花纹瓦当（椭圆瓣）[①]

时代：北朝　　　直径：17厘米　　　出土地：河北

圆形，灰陶，色黑，宽边轮，残，造型规整。

如图5-19所示，瓦当制作规整，图案纹饰整齐划一，边轮宽平。当面设内外二区，内区当心7粒均匀莲实状连珠纹，为莲蓬状，较为低平，外区饰以8瓣凸起饱满的莲瓣，莲瓣呈椭圆形，莲瓣间饰以"T"字形的叶纹，当面高于边轮。边轮低平，莲瓣凸起明显。

图5-19　莲花纹瓦当[②]

时代：北朝　　　直径：18.5厘米　　　出土地：河北

圆形，灰陶，色黑，宽边轮，残，造型规整。

①河北工程大学建筑艺术博物馆藏。

②河北工程大学建筑艺术博物馆藏。

除单纯的莲花纹瓦当外，北朝至隋唐时期莲花化生瓦当（见图5-20）亦相当流行，其在平城（山西大同）、洛阳地区均有出土，主要用于皇室建筑与佛教建筑之中，等级颇高。

图5-20　莲花化生瓦当[①]

建筑艺术博物馆馆藏莲花化生瓦当1件，具体形制如下。

如图5-21所示，瓦当表面布满土垢，呈土黄色，边轮内饰三道凸弦纹，内侧两道弦纹间饰一周连珠纹，瓦当中央为凸起的坐佛，结跏趺坐于莲台之上，左手置于腹前，右手持物上举，佛身两侧饰忍冬纹。

图5-21　莲花佛像纹瓦当[②]

时代：唐　　　直径：14.5厘米　　　出土地：河南

圆形，灰陶，色黑，宽边轮，残，造型规整。

---

① 王飞峰：《北魏莲花化生瓦当探析》，《四川文物》2019年第3期，67-73页。
② 河北工程大学建筑艺术博物馆藏。

　　隋唐时期莲花纹瓦当依旧盛行，尤以前期莲花纹最盛，全国各地出土的瓦当纹饰表现出很强的一致性，从遥远的西部新疆至东北地区的渤海国，出土的瓦当与唐朝两京地区出土的瓦当上的莲花纹饰基本一致，后期则兽面纹逐渐增多，此时莲花纹延续了南北朝时期的艺术风格，兼具单瓣、复瓣莲花纹两种莲瓣类型，当心可分为莲蓬状、同心圆、宝珠状等，相较于南北朝时期的莲花纹瓦当，其基本特征为莲瓣外缘饰以一周连珠纹，这是南北朝莲花纹瓦当较为少见的情况。

　　如图5-22所示，当面设内外二区，内区当心9粒莲实状连珠纹，为莲蓬状，环绕一周凹陷弦纹，外区饰以8瓣凸起短肥的莲瓣，边轮内侧饰以一周连珠纹。

图5-22　莲花纹瓦当[①]

时代：唐　　　直径：15厘米　　　出土地：河南

圆形，灰陶，色黑，宽边轮，残，造型规整。

　　如图5-23所示，当面设内外二区，内区当心7粒莲实状连珠纹，为莲蓬状，环绕一周凸起弦纹，外区饰以8瓣片凸起短肥的莲瓣，莲瓣呈圆珠形，边轮内侧饰以一周连珠纹。

---

①河北工程大学建筑艺术博物馆藏。

图5-23　莲花纹瓦当（圆珠形瓣）①

时代：唐　　　直径：9.5厘米　　　出土地：河南

圆形，灰陶，色黑，宽边轮，残，造型规整。

如图5-24所示，当面设内外二区，内区当心9粒莲实状连珠纹，为莲蓬状，环绕一周凸起弦纹，外区饰以8瓣凸起短肥的莲瓣，靠近当心出高高凸起，似水滴状，边轮内侧饰以一周连珠纹。

图5-24　莲花纹瓦当（水滴状瓣）②

时代：唐　　　直径：15厘米　　　出土地：河南

圆形，灰陶，色黑，宽边轮，残，造型规整。

①河北工程大学建筑艺术博物馆藏。

②河北工程大学建筑艺术博物馆藏。

二、兽面纹瓦当

中国古代兽面纹饰的起源甚早，前文述及战国时期的燕国饕餮纹瓦当即属于兽面瓦当的类型之一，其源于对商周时期青铜器饕餮纹饰的借鉴与传承。兽面纹瓦当的发展历程与莲花纹瓦当较为相似，即战国时期就已出现，及至魏晋南北朝时期，伴随着佛教在中土的广泛传播与空前繁荣，兽面纹饰迎来了发展的黄金时机，此时狮子与莲花同为佛教圣物受人追捧，佛教经典中关于此类的记载颇多，例如《阿唎多罗陀罗尼阿噜力经》："正中画阿弥陀如来。或坐莲台或师子座。结跏而坐作说法印。"又如《崒窣大道心驱策法》："尔时如来在灵鹫山薄伽树下师子座坐"，作为兽的典型代表——狮子，此时成为佛祖讲经说法的法座，兽面与佛教就此联系起来，故而兽面瓦当在佛教昌盛的南北朝直至唐宋时期的复兴与发展也就不足为奇了。

对北魏洛阳城的考古发现证实，此时兽面纹瓦当的使用并不十分普遍，其主要出土于宫城内的太极殿、阊阖门，以及内城区域的宗正寺、永宁寺等大型、高等级的皇室建筑基址，而内城之外等级较低的建春门、大市等建筑基址则不见其使用，因此，可以说兽面纹瓦当是当时建筑等级的标志与体现。北魏洛阳城的兽面纹瓦当，一般陶质细密坚实，多呈灰黑色，火候较高，表面抹成黑光面，边轮宽平，兽面纹饰为半浮雕（见图5-25）。

图5-25 兽面纹瓦当①

建筑艺术博物馆藏北朝洛阳兽面纹瓦当1件，具体形制如下。

如图5-26所示，当面周围有宽平缘轮廓，轮廓内凸起一怒目圆睁的兽面纹饰，张口吐舌，头顶部阴刻出鬃毛，双耳竖起呈尖圆形，短鼻梁，额面有四条波浪形抬头纹，唇下及嘴两侧有须，形象逼真。此兽面瓦当出土于北魏洛阳城，为当时高等级建筑构件，颇具时代特征。

图5-26 兽面纹瓦当②

时代：北朝　　　直径：17厘米　　　出土地：河南

圆形，灰陶，色黑，宽边轮，造型规整。

---

①钱国祥，郭小涛：《北魏洛阳城的瓦当及其他瓦件研究》，《华夏考古》2014年第3期，99-112页。

②河北工程大学建筑艺术博物馆藏。

"暨永熙多难，皇舆迁邺，诸寺僧尼，亦与时徙。"[1]北魏末年迁都邺城，北方佛教中心也随之由洛阳转移至邺城，因此邺城成为北朝后期出土莲花纹瓦当和兽面纹瓦当最多的地区之一，其中不乏部分瓦当的精品，尤以莲花化生兽面纹瓦当最为罕见珍贵。

如图5-27所示，此件瓦当造型非常特殊，兼有莲花纹与兽面纹，当面外圈饰一圈典型的北朝连珠纹，中圈饰圆润饱满的8瓣复瓣莲花，中间饰以小兽面尤为突出。莲花是佛教的圣物，莲花生佛瓦当已是凤毛麟角，莲花生兽面更为罕见。此莲花化生兽面瓦当出土于东魏、北齐都城邺城，为当时高等级建筑构件，颇具时代特征，具有极高的鉴赏与收藏价值。

图5-27　莲花化生兽面纹瓦当[2]

时代：北朝　　　直径：15厘米　　　出土地：河北
圆形，灰陶，色黑，宽边轮，造型规整。

与佛教在北方地区的兴盛局面相似，此时南朝政权治下的佛教发展亦相当繁荣，"南朝四百八十寺"正是当时佛教昌盛、寺院众多的生动

①杨衒之撰；范祥雍校注：《洛阳伽蓝记》，上海古籍出版社，2018年版，第2页。
②河北工程大学建筑艺术博物馆藏。

写照，不同的历史地理背景，相似的宗教传播因素，加之南北政权间频繁的遣使交流，使得南北朝时期瓦当的主体纹饰较为接近，即与佛教联系紧密的莲花纹、兽面纹均较为流行。与此同时，在纹饰的细节方面，南北朝时期又呈现出各异的风格。

除莲花纹外，兽面纹亦为隋唐瓦当常见的纹饰之一，及至唐朝中晚期，兽面纹甚至有取代莲花纹之势，因此兽面纹瓦当在此时占有重要的地位。相较于南北朝时期的兽面纹瓦当，此时兽面纹瓦当的边轮较宽，其制作采用浮雕手法，兽面形象立体生动（见图5-28），典型特征是连珠纹运用较多，一般是在兽面外饰有一周或半周连珠纹，这一现象在南北朝的兽面纹瓦当中几乎不见，这也成为兽面纹瓦当断代的重要依据之一。

图5-28　兽面纹瓦当[①]

建筑艺术博物馆藏唐代兽面纹瓦当1件，其具体形制如下。

如图5-29所示，当面突起，周围有宽平缘轮廓，轮廓内浮雕一怒目圆睁的兽面纹饰，鼓目，蒜鼻，阔嘴，口露獠牙，面目狰狞，形象逼真，当面外圈饰一周连珠纹。

---

①赵丛苍主编；戈父编著：《古代瓦当》，中国书店，1997年版，第191页。

图5-29　兽面纹瓦当①

时代：唐　　　直径：14厘米　　　出土地：河南

圆形，灰陶，色黑，宽边轮，造型规整。

　　魏晋隋唐时期，莲花纹与兽面纹取代了云纹与文字，成为瓦当最为常见的两种纹饰，究其原因，当与此时佛教在中土的广泛传播密不可分，南北皆然，综观南北朝时期的瓦当，虽其主体纹饰一致，但风格迥异，体现了瓦当艺术的地域性特征。及至隋唐时期，瓦当的莲花纹与兽面纹渐趋成熟和统一，当源于其时南北一统的政治环境，尽管如此，隋唐瓦当再难复两汉时期的发展盛况。

①河北工程大学建筑艺术博物馆藏。

第六章　宋代瓦当

宋代是中国古代瓦当发展的一个转折时期，一方面宋代瓦当的装饰作用开始不断弱化；另一方面琉璃瓦当开始普及。此外，曾作为唐代瓦当中主流纹饰的莲花纹也在宋代被兽面纹所取代，出现这种变化与宋代政治、经济等方面有着极大的关系。

第一节　历史背景

宋朝在政治上结束了五代十国的纷乱局面，实现了中原地区的再次统一，但是此时的北方地区早已存在着一个武力强横的政权——辽朝。其间，辽宋进行了多次战争。澶渊之盟后，双方进入对峙阶段。在宋与北方的辽政权对峙的同时，西北地区又崛起一个由党项族建立的西夏政权。其间，宋政权与西夏亦是战争不断，最终于宋庆历四年和议。

不论宋与辽或与西夏的战争，宋朝皆败多胜少，而和议亦均由宋朝或送或赐钱帛。至于与后续的金政权亦是如此。由此，传统上，史学界通常认为宋朝是中国历史上"积贫积弱"的一个朝代。但与之相对的是，宋朝在经济文化上非常繁荣，这种"政冷经热"的情况成了宋代瓦当发展演变的重要因素。

诚然，宋代是中国历史上又一次南北大分裂时期，在军事上远不及汉、唐之盛。但同时亦应看到，宋代是我国历史上又一次文化大繁荣时期，宋朝在政治、经济、文化、科技等多个领域对后世产生了极大的影响，在某些领域甚至可称为中国古代封建社会文化的顶峰。陈寅恪先生谓之："华夏民族之文化，历数千载之演进，而造极于赵宋之世。"[1]

---

[1]邓广铭：《邓广铭全集》第九卷《史籍考辨》，河北教育出版社，2015年版，第226页。

对后世官员选举产生巨大影响的科举制在宋朝也成为主要的选官制度，我们今天所谓的"四大发明"中有两项（活字印刷、指南针）在宋代产生并广泛应用。

不仅如此，在经济领域，宋朝亦展现了中国古代封建社会经济生活的一个顶峰。尽管宋代仍以自给自足的封建农业经济为基础，但是其商业发展已远超前代。宋朝建立后，结束了五代十国的分裂状态，中原及以南地区终于迎来了稳定发展时期，加之宋政权实施兴修水利、开垦荒地、取消城市中"坊""市"的界限、减轻人身依附关系等措施，使得宋代商业经济飞速发展。不仅是城市中聚集了大量商贾，乡村亦分化出专门从事商业行为的专业人士。商业的繁荣带动了手工业的发展，在陶瓷、造纸、纺织等行业，民营手工业甚至一度超过了宋代官营手工业。

第二节　典型瓦当

宋朝在政治、军事上"积贫积弱"，而在经济上则几乎达到了封建社会的巅峰，这种政治、军事与经济上的反差造成了宋人思想的转变，不再追求汉、唐的宏伟、盛大转而追求内心的精神世界，而是注重世俗生活的个性情趣。这种思想体现在建筑领域就是宋代开始追求建筑的精美程度。

首先，这种情况导致宋代瓦当在建筑中的地位降低、装饰功能减弱。宋代可以称为木作标准确立的理性年代，在建筑形制上不仅有成熟的标准，而且有完备的建筑典籍——将作监编定的《营造法式》笔文献记录，对当时以及后世建筑的影响都是十分巨大的。[1]在建筑领域，宋朝展现了极高的水平。宋代建筑一方面承袭唐朝风格，如大体量的木质结构建筑的修造；另一方面又一改唐朝建筑那种气势宏大的风格，继而追求建筑室内外的精美装修，形成色彩丰富、华美柔丽的特色。宋代的这种建筑特色，一方面影响了后世明清的建筑风格；另一方面改变了瓦当在中国古代建筑构件中的地位。由于宋代建筑追求小木作的装饰，比如在唐朝普遍流行的板门和直棂窗，在宋代则改为格扇门、窗，至于栏杆、室内木制隔断等更是不胜枚举。这也就导致了从宋代开始，瓦当的装饰作用逐渐弱化，转变为更注重实用功能的建筑构件，瓦当的种类逐渐减少，远不如汉代瓦当之繁盛。

其次，尽管宋代瓦当再不复汉代之胜景，但由于宋代手工业的发展，有一种新型瓦当——琉璃瓦当开始普及。琉璃最早出现在西亚地区。根据考古发现，大约在公元前20世纪，美索不达米亚平原便已经出现了琉璃的烧造技术并运用于建筑。琉璃在中国出现的时间亦不算晚，根据现代考古发掘，在陕西及河南的一些周代早期墓葬中发现了大量琉璃珠。由此可见，大约在商周时期，中国就已经出现了烧造琉璃的技术。在中国古代典籍中也有关于琉璃的记载，如《管子》就记载："昆仑之虚不朝，请以璆琳琅玕为币乎？"[2]引文中"琅玕"即为琉璃。中国古代关于琉璃的别称有很多，如"流离""颇黎""璧流离"或"琅玕"等。

尽管如此，在魏晋南北朝之前，琉璃制品几乎从未出现在中国建

---

①郭华瑜：《中国古典建筑形制源流》，湖北教育出版社，2015年版，第55页。

②管仲：《管子》卷二三《轻重甲》，上海古籍出版社，2015年版，第457页。

筑构件中。这主要是由于中国古代早期烧造的琉璃器质地较为疏松，易碎，又被称作原始玻璃，故而不能作为建筑构件，反而是在一些饰品中采用琉璃器。如汉乐府中有"头上倭堕髻，耳中明月珠"[①]一句，其中"明月珠"便为琉璃。

直至北魏时期，中国才开始在建筑构件中使用琉璃。《魏书》记载："世祖时，其国（大月氏）人商贩京师，自云能铸石为五色琉璃，于是采矿山中，于京师铸之。既成，光泽乃美于西方来者。乃诏为行殿，容百余人，光色映彻，观者见之，莫不惊骇，以为神明所作。自此中国琉璃遂贱，人不复珍之。"[②]由此可见，西域的琉璃烧造技术在北魏时期开始传入中国，改进了中国古代琉璃烧造技术，使得琉璃器开始普及。"朔方平城，后魏穆帝治也，太极殿琉璃台及鸱尾，悉以琉璃为之。"[③]在考古学上亦证明了这一点，云冈石窟窟顶北魏皇家寺庙遗址也出土了一些北魏建筑材料，其中有不少带釉板瓦，即琉璃瓦。[④]

琉璃瓦的出现极大改善了中国古代建筑的防水、排水问题，增强了建筑的安全性。在琉璃瓦出现之前，中国古代传统上使用布瓦。此种瓦虽轻便，但表面未施釉，质地酥松，吸水性高。一旦经历雨雪天气，布瓦吸收大量水分，就会增加建筑屋顶的重量，严重危害建筑安全。而琉璃瓦由于表面施有琉璃釉面，吸水性变低，排水也更加顺畅，建筑屋顶不易积水，建筑的安全性得到了极大的提高。因此，琉璃瓦的出现是中

---

①郭茂倩著；夏华等编：《乐府诗集》，万卷出版公司，2018年版，第54页。

②魏收：《魏书》卷一〇二《西域传》，中华书局，1974年版，第3789页。

③李昉等编：《太平御览》，上海古籍出版社，2008年版。

④樊桂敏：《中国古代琉璃瓦初探》，南京大学，2011年学位论文。

国古代砖瓦技术的一大进步，亦是中国古代建筑技术的一大进步。

尽管《魏书》提到"自此中国琉璃遂贱"，但由于魏晋南北朝的社会动荡不安，此时的琉璃技术不可避免地衰落了，琉璃瓦及琉璃瓦当在魏晋南北朝时期使用的规模亦不大。

迨至隋唐时期，古代中国再一次实现大一统，社会趋于稳定，曾在北朝一度灭绝的琉璃烧造技术重新发展起来。其中，隋代建筑大师何稠作出了重大贡献，在营造洛阳城时，何稠再现了琉璃烧造技术。至唐代，琉璃建筑构架的使用更加普遍，尤其是琉璃瓦等得到大规模的使用。例如，在敦煌莫高窟的壁画中部分唐代建筑中的屋面呈现红、黑、白、绿四色相间的情形，这表明其屋面采用了琉璃瓦铺设。不仅如此，考古证据支持了这一观点，在唐代的大明宫遗址中出土了大量绿色琉璃瓦。唐代大型建筑使用琉璃瓦铺设屋面，说明此时的琉璃烧造技术已经趋于成熟。

宋代的琉璃烧制技术进一步提升。这不仅表现在琉璃瓦的使用范围进一步扩大，不只是宫殿建筑，一些寺庙、陵寝亦开始使用琉璃瓦铺装屋面，同时琉璃瓦的烧制开始标准化，上文所提及的《营造法式》便对琉璃瓦的规格、原料配方、烧造技术等进行了详细的记录。

不唯如此，宋代亦有不少反映琉璃瓦的使用情况的诗句与画作。如南宋诗人叶梦得《水调歌头·湖光亭落成》中有"堤外柳烟深浅，碧瓦起朱楼"一句，而范成大则有《碧瓦》诗一首："碧瓦楼头绣幙遮，赤栏桥外绿溪斜。无风杨柳漫天絮，不雨棠梨满地花。"诗句中"碧瓦"一词便是指绿色琉璃瓦。北宋徽宗所绘《瑞鹤图》中，正德门屋顶皆为绿色，即为表现琉璃瓦铺设屋面。凡此种种皆表明，宋代琉璃瓦已经得到极大的普及。宋代琉璃瓦及琉璃瓦当的普及既与隋唐开始恢复的琉璃烧制技术有关，亦与宋代发达的手工业尤其是陶瓷业的兴盛有关系。琉璃瓦本质上是一种表面施有琉璃釉的釉陶，而宋代是中国古代陶瓷器发展的巅峰时期，现已发现的古代窑址分布于全国19个省、市、区的170个县，其中分布有宋窑的就达130个县，约占总数的75%。[①]宋代更是涌现了汝窑、哥窑、定窑、官窑、钧窑等被后世并称为五大名窑的著名窑口。

再次，宋代发达的陶瓷业带来了陶瓷器种类、样式的极大丰富，亦不可避免地影响了瓦当的审美。故，宋代瓦当纹饰一改唐代以莲花纹为主的情况，转而以兽面纹及花卉纹为主要纹饰。

宋代兽面纹瓦当主要集中于北方地区，在洛阳曾出土了大量宋代兽面纹瓦当。不同于唐代，宋代兽面纹瓦当的宗教意味明显减少，平添了几分世俗的味道。此时，兽面纹瓦当的重点不再是展现宗教的神秘，或者像汉代四神瓦当一样发挥厌胜的作用，而是通过兽的凶猛来展示皇权的威严。

宋代瓦当兽面纹饰的转变，一方面是由于宋代中央集权加强。宋代通过一系列的措施，将军权、相权、财权进行分割，使权力集中在皇帝手中。而这种封建皇权的不断加强，深刻地影响了宋代建筑。中国古代建筑不仅具有实用功能，更是礼制的体现。作为建筑构件之一的瓦当，其纹饰正是尊卑有序的等级社会的完美体现。另一方面则是由于宋代佛教开始世俗化。佛教信众亦不如前朝那般狂热，祈福、超度亡灵等迷信活动代替了对佛理的探讨。这其中既有宋代社会世俗化加强的原因，亦

---

① 胡小鹏：《中国手工业经济通史·宋元卷》，福建人民出版社，2004年版，第300页。

有上层统治者对佛教疏远的原因。宋代佛教在民间传播极广，但是在宋代的一些士大夫仍认为佛教非"中国教"。佛教的传播，尤其是佛教所宣扬的火葬方式，被宋代士大夫认为有悖人伦，影响了封建统治秩序，从而严加禁止。因此，宋代兽面纹减少了夸张、神秘的成分，纹理更加繁复、精细，突出了猛兽的毛发，着重体现兽面的凶猛、威严，令人生畏。

上文提及，随着佛教发展的高潮过去，以往被赋予宗教色彩的莲花纹虽然在宋代亦普遍存在，但其宗教意味消散，成为一种单纯的审美享受。莲花纹瓦当亦变成单纯的装饰建筑构件。除莲花纹外，宋代瓦当亦兼有菊花、牡丹等纹饰。这得益于上文所提及的宋代士大夫更加在意内心世界的安宁，在审美情趣方面转投向山水花鸟。故而，宋代瓦当纹饰中花卉纹逐渐增多。

总之，宋代瓦当在纹饰方面主要是以兽面纹、花卉纹为主，在质地上一种新型瓦当——琉璃瓦当开始普及。但总体而言，宋代瓦当更多的是作为一种建筑构件而出现，其装饰功能越来越弱化，远不复秦汉之瓦当盛况。

目前发现的宋代瓦当，多出土于河南洛阳以及浙江杭州、江苏等地区，这正与两宋的统治中心重合。关于两宋瓦当的类型，主要为兽面瓦当、花卉纹瓦当及龙纹瓦当，其中学界按照又因正面兽齿排列和兽面犄角的弯曲程度将兽面纹瓦当分为若干类型，花卉纹瓦当则分为莲花纹、菊花纹、牡丹纹等几种类型。

一、兽面纹瓦当

宋代兽面纹瓦当总体上继承了唐代的风格，但与唐代相较，最大的变化是当面周围的连珠纹消失。连珠纹在瓦当中出现与佛教在中国的传播有关，宋代则是佛教世俗化的一个重要阶段，故而兽面纹瓦当代表神秘色彩的连珠纹消失不见，取而代之的则是宋代兽面纹瓦当越发写实，如图6-1、图6-2所示。

图6-1 兽面纹瓦当（无犄角）[①]

图6-2 兽面纹瓦当（有犄角）[②]

[①]陈伟良：《洛阳出土隋唐至北宋瓦当的类型学研究》，《考古学报》2003年第3期，第360页。

[②]陈伟良：《洛阳出土隋唐至北宋瓦当的类型学研究》，《考古学报》2003年第3期，第360页。

　　建筑艺术博物馆馆藏宋代兽面纹瓦当多件，以其中之一为例，具体形制如下。

　　如图6-3所示，此瓦当的当面有所破损，但主体部分保存完整。瓦当周围是宽平轮的周缘，瓦当兽面纹有吻无齿，额上无犄角，代之以鬃毛上翘。正中兽纹略微突出于瓦当面，兽面五官饱满，鬣鬃茂密，是宋代典型的兽面纹瓦当。

图6-3　宋代兽面纹瓦当[①]

　　时代：宋　　　直径：13.5厘米　　　出土地：河南

　　圆形，灰陶，色黑，宽边轮，造型规整。

　　如图6-4所示，此瓦当的当面有所破损，但主体部分保存完整。瓦当周围是宽平轮的周缘，瓦当兽面纹有吻露齿，额上有双犄角。正中兽纹突出于瓦当面，兽面五官饱满，周围连珠纹为饰，是宋代典型的兽面纹瓦当。

---

①河北工程大学建筑艺术博物馆藏。

图6-4 兽面纹瓦当[①]

时代：宋   直径：14厘米   出土地：河南

圆形，灰陶，色黑，宽边轮，造型规整。

如图6-5所示，此瓦当的当面有所破损，但主体部分保存完整。瓦当周围是宽平轮的周缘，瓦当兽面纹有吻露齿，额上无犄角，代之以鬃毛上翘。正中兽纹突出于瓦当面，兽面五官饱满，周围以茂密的鬣鬃为饰，是宋代典型的兽面纹琉璃瓦当。

图6-5 兽面纹瓦当[②]

时代：宋   直径：18厘米   出土地：河南

圆形，琉璃，绿釉，宽边轮，造型规整。

---

①河北工程大学建筑艺术博物馆藏。

②河北工程大学建筑艺术博物馆藏。

如图6-6所示，此瓦当保存完整，为黑色琉璃质地。瓦当周围是宽平轮的周缘，瓦当兽面纹獠牙外露，吻部有髭鬏，额上无犄角，以鬃毛上翘。正中兽纹突出于瓦当面，兽面五官饱满，周围以弦纹为饰，是宋代典型的兽面纹琉璃瓦当。

图6-6 兽面纹瓦当[①]

时代：宋　　　直径：16.5厘米　　　出土地：河南

圆形，琉璃，黑釉，宽边轮，造型规整。

如图6-7所示，此瓦当保存完整，为绿色琉璃质地。瓦当兽面纹獠牙外露齿，额上有犄角。正中兽纹突出于瓦当面，兽面五官饱满、生动，兽面顶部及周遭以火焰纹为饰，是宋代典型的兽面纹琉璃瓦当。

---

①河北工程大学建筑艺术博物馆藏。

图6-7　兽面纹瓦当①

时代：宋　　　直径：28厘米　　　出土地：河北

圆形，琉璃，绿釉，无边轮，造型规整。

　　如图6-8所示，此瓦当的当面有所破损，但主体部分保存完整，为绿色琉璃质地。瓦当兽面纹有吻露齿，额上无犄角。正中兽纹突出于瓦当面，兽面五官饱满、生动，周围以火焰纹为饰，口部以茂密的鬣髯为饰，是宋代典型的兽面纹琉璃瓦当。

_____

①河北工程大学建筑艺术博物馆藏。

图6-8　兽面纹瓦当①

时代：宋　　　　直径：18厘米　　　　出土地：河北

圆形，琉璃，绿釉，无边轮，造型规整。

宋代经济发达，城市也得到前所未有的发展。不仅是当时的汴梁、洛阳等经济繁荣，即使在辽宋对峙的地区，城市亦得到极大发展，其中最有名的便属大名府。大名府"西峙太行，东连河、济，形势强固，所以根河北而襟河南者也。"②因其地理位置紧要，故有"北门锁钥"之称。北宋为防御北方威胁，故将大名府升为北京，委以重臣，所谓"控扼大河南北，内则屏蔽王畿，外则声援诸路。"③

澶渊之盟后，辽宋双方迎来了百年和平。由于大名府地处交通要道，又毗邻大运河，有南北通衢之称。不仅如此，大名府土地肥沃，农业发达，人口众多。加之，宋在此地营造宫城时是以当时汴梁为模板，"京城周四十八里二百六步，门十七。"因此，大名府不仅是北方重要

①河北工程大学建筑艺术博物馆藏。

②顾祖禹：《读史方舆纪要》，中华书局，2005年版，第696页。

③脱脱：《宋史》卷一九六《兵志十》，中华书局，1985年版，第4897页。

的军事重镇，亦是当时黄河以北最为重要的经济中心。正如图6-7，6-8所示，瓦当质地精良，纹饰精美，绝非普通建筑所有，其皆出土于河北大名府故城遗址。尽管在宋代琉璃瓦当已逐渐普及，但仍是在宫殿、皇家寺院等高等级建筑中才会使用，而图6-7，6-8所展示的瓦当证明了大名府在当时的繁荣程度。

二、莲花纹瓦当

宋代花卉纹主要包括莲花纹、菊花纹、牡丹纹等类型。从目前出土的花卉纹瓦当来看，莲花纹依然是宋朝广为流行的一种瓦当纹饰。国人历来对莲花喜爱有加，故对莲花还有不少别称，如芙蓉、朱华、菡萏等。《诗经》中便有对莲花的描写："灼灼芙蕖。"《楚辞》中亦有"集芙蓉以为裳"的语句。由此足见莲花在国人心中之地位，正如欧阳修在《渔家傲·叶重如将青玉亚》中写道："颜色清新香脱洒。堪长价，牡丹怎得称王者。"[1]

在历代文人心中，莲花还被赋予了多重的意象。如将莲花视为高洁的象征，周敦颐在《爱莲说》中提到莲花"出淤泥而不染，濯清涟而不妖"[2]自不必说。蔡伸在《踏莎行》中亦言及莲花"玉质孤高，天姿明慧，了无一点尘凡气"[3]。更多的则是将莲花比作美人，如晏殊的"晚来妆面胜荷花"[4]，晏几道的"腮粉月痕妆罢后，脸红莲艳酒醒前"[5]，

①欧阳修：《欧阳修全集》，中华书局，2001年版，第137页。

②周良英等编著：《周敦颐著作释译》，华南理工大学出版社，2017年版，第51页。

③任汴等编集：《宋词全集》，国际文化出版公司，1995年版，第418页。

④朱德才编：《增订注释全宋词》，文化艺术出版社，1997年版，第80页。

⑤朱德才编：《增订注释全宋词》，文化艺术出版社，1997年版，第196页。

李清照的"绣面芙蓉一笑开，斜飞宝鸭衬香腮"[①]。不仅如此，在宋代士人眼中莲花还被赋予了隐逸、闲适的象征意味。

在民间，莲花亦被视为祥瑞之兆，大量器物纹饰中皆有莲花，如古代家具中常见的"一鹭莲荷"图，便是利用"莲荷"与"连科"的谐音，表示在科举考试中连中三元的美好愿望。莲花纹历来受到人们追捧，因此在宋代建筑、器皿等中经常可见莲花纹。

宋代莲花纹瓦当依然是继承唐代风格，但正如前文所述，宋朝由于佛教的世俗化程度加深，莲花纹一改唐代神圣的意义，似乎成为一种单纯的美的欣赏，故而宋代莲花纹瓦当在风格与形制上都有些许变化。

宋代莲花纹在样式风格上逐渐从唐代饱满、华丽的形象向世俗、优雅转变，在形制上虽然与唐代莲花纹瓦当一样，采用宽边无轮廓的周缘，但是瓦当中的莲花则相对较小。

从目前考古发掘情况来看，河南地区出土的北宋时期莲花纹瓦当较多，其中大多为单瓣莲花纹，复瓣莲花纹瓦当则比较少见，除河南地区出土有此类瓦当外，山西大同地区也曾出土类似瓦当。

根据出土瓦当的纹饰，目前北宋莲花纹瓦当可以大体分为以下几类。

A型：此类纹饰的瓦当，一般当心以一个乳钉为花蕊，莲花纹中心与周缘之间多以连珠纹或凸玄纹为饰，莲瓣为单瓣莲花，多以点状表示花瓣，如图6-9所示。

---

①谢永芳编：《李清照诗词品汇》，崇文书局，2022年版，第13页。

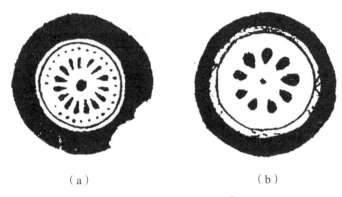

（a） （b）

图6-9 A型莲花纹瓦当[1]

B型：此类纹饰的瓦当，一般当心为莲蓬状或花瓣状。莲蓬状的花蕊多为9个莲子，其中一类莲子外还有明显界限，即有一圈边廓。花瓣形的花蕊则多为"米"字形或"十"字形。莲花纹与周缘之间仍是以连珠纹或凸玄纹为饰，莲瓣亦为单瓣莲花，如图6-10所示。

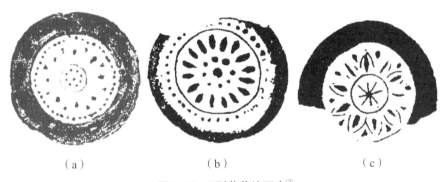

（a） （b） （c）

图6-10 B型莲花纹瓦当[2]

C型：此类莲花纹瓦当其当面纹饰多为带叶莲花。按照叶的数量不

---

①河南省文物考古研究所编著：《北宋皇陵》，中州古籍出版社，1997年版，第335页。
②河南省文物考古研究所编著：《北宋皇陵》，中州古籍出版社，1997年版，第335页。

同，可分为一花两叶、一花四叶两种。瓦当中心一般为盛开的莲花，两
侧为对称的双叶或四叶，如图6-11所示。

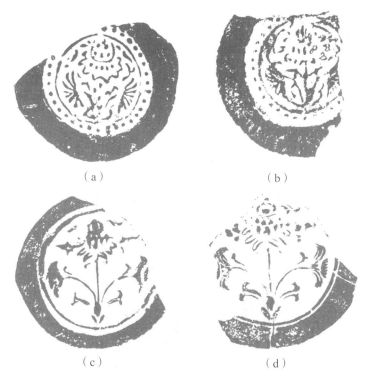

（a） （b）

（c） （d）

图6-11 C型莲花纹瓦当①

除上述北方地区出土莲花纹瓦当外，浙江、四川、福建等地也都有
宋代莲花纹瓦当出土，尤其是在浙江和福建两地发现了大量的南宋时期
的莲花纹瓦当，如图6-12所示。

①河南省文物考古研究所编著：《北宋皇陵》，中州古籍出版社，1997年版，第286页。

（a）① （b）②

图6-12　南宋时期的莲花纹瓦当

　　其中，浙江出土的南宋莲花纹瓦当写实性较强，当面中心皆为莲蓬状，莲瓣较为厚实，莲瓣之上叶脉清晰，非常生动，如图6-13所示。

图6-13　莲花纹瓦当③

　　而福建地区出土的莲花纹瓦当，或以莲蓬状为花蕊，或以十字花瓣形为花蕊，这与河南洛阳地区出土莲花纹瓦当大致相同。但是，在边轮

---

①河南省文物考古研究所编著：《北宋皇陵》，中州古籍出版社，1997年版，第335页。

②申云艳：《中国古代瓦当研究》，文物出版社，2006年版，第242页。

③曹水虎：《浅析杭州出土的南宋瓦当》，《杭州文博》2011第2期，第69页。

的装饰方面，则与其他地区不同。该类瓦当的边轮，或以连珠纹为饰，或以斜线纹为饰，极具地方特色，如图6-14所示。

图6-14　莲花纹瓦当[①]

三、龙纹瓦当

龙纹瓦当在秦汉时期便已出现，彼时四神纹瓦当之中便有龙纹的身影。汉代龙纹瓦当中龙的形象分为两种，一种为走兽，即龙的四肢着地，龙身呈半圆形，龙的头部向前；另一种为蛇身，即龙身呈"S"形，虽然局部仍有走兽的影子，但龙的整体已经飞扬起来。秦汉之后，龙的形象几经变化，但龙纹瓦当已经很少出现了。

根据目前考古发现，宋、辽、金时期皆有龙纹瓦当的发现。至宋代，龙的形象基本成熟。与秦汉龙呈现走兽形不同，宋代之后龙的形象皆为飞腾状。由于龙纹在帝制时代是作为君主或皇室的象征，所以目前发现的宋代龙纹瓦当大多在河南洛阳西京遗址、河南巩县宋陵寝、浙江杭州以及河北等少数几个地区。宋代龙纹瓦当按照龙的形态可以分为以下几种。

[①]申云艳：《中国古代瓦当研究》，文物出版社，2006年版，第244页。

A型：此类型龙纹占据整个当面，龙纹突出于当面。该类型龙纹龙首居于瓦当的中心，龙身粗大，呈飞腾状，如图6-15所示。

图6-15　A型龙纹瓦当[①]

B型：此类龙纹瓦当分为两种，一类为龙纹周遭或有云纹、水气纹缠绕；一类则周遭则不见云朵或水汽装饰。B型瓦当共同的特点是，其边廓与龙纹之间有弦纹为饰，如图6-16所示。值得一提的是，河北白城子遗址中出土的该类型瓦当为琉璃瓦当，龙首居中，扁长。龙须飘逸，向后飞扬。龙身、腿粗壮浑圆。龙身浮于海水之上，向后翻腾盘卷成圆形。龙之全身着黄釉，廓及海水着绿釉。[②]

---

①河南省文物考古研究所编著：《北宋皇陵》，中州古籍出版社1997年版，第287页。

②刘建华：《河北省张北县白城子古城址调查简报》，《辽海文物学刊》1995年第2期，第26页。

（a）①　　　　　　　　　　（b）②

图6-16　B型龙纹瓦当

　　总之，宋代瓦当大致可以分为兽面纹、花卉纹、龙纹几种，其中兽面纹与花卉纹是宋代瓦当的主流。除此之外，目前出土宋代瓦当中偶有一些较为特殊的瓦当，如在福建福鼎太姥山宋国兴寺遗址出土的人面瓦当（见图6-17）；福建泉州清净寺遗址出土的飞燕瓦当（见图6-18）；河北易县龙兴观出土的文字瓦当（见图6-19）。

图6-17　人面纹瓦当③

①河南省文物考古研究所编著：《北宋皇陵》，中州古籍出版社，1997年版，第287页。

②刘建华：《河北省张北县白城子古城址调查简报》，《辽海文物学刊》1995年第2期，第26页。

③申云艳：《中国古代瓦当研究》，文物出版社2006年版，第246页。

图6-18　飞燕纹瓦当[1]

图6-19　文字瓦当[2]

①申云艳：《中国古代瓦当研究》，文物出版社2006年版，第246页。
②申云艳：《中国古代瓦当研究》，文物出版社2006年版，第239页。

第七章 辽代瓦当

辽代瓦当是中国古代瓦当历史的重要一环，其在整体上继承中原文化的同时，又融合了佛教文化以及契丹的民族文化，并对后世产生了较大的影响。辽代瓦当在种类上以兽面纹瓦当为其主，其次还有龙纹、花卉纹瓦当等。

第一节　历史背景

辽是由中国古代边疆少数民族——契丹族所建立的政权。公元907年，辽太祖阿保机建立辽朝（一说公元916年，辽朝政权建立）。公元1125年，辽终为金所灭。辽统治区域广大，东自大海，西至于流沙，南越长城，北绝大漠。①除契丹族传统生活的东北地区之外，还包括今天的内蒙古、山西、河北等地域。其境内人口众多，民族杂居，既有以游牧为生的奚人、契丹人，亦有以农耕为主的汉人、渤海人。面对复杂的人员结构，辽在统治方式上采取了"因俗而治"的二元治理方式，即以国制治契丹，以汉制待汉人。②因此，在辽境内政治上"国制"与"汉制"并存；经济上游牧经济与农耕经济并存。这必然会在文化上呈现出一种二元性，既有草原游牧文化，又有中原儒家文化，二者相互融合。此种情况亦反映在建筑上，一方面辽代建筑遵循古老的契丹传统，如以东向为尊；另一方面又在大型的建筑，如宫殿、佛寺的营造上体现出浓厚的中原风格。

当然，在辽二百多年的统治时间内，这种建筑风格并不是一成不变

---

① 脱脱撰：《辽史》卷二《地理志一》，中华书局，1974年版，第438页。

② 脱脱撰：《辽史》卷四五《百官志一》，中华书局，1974年版，第685页。

的。在辽代前期，其建筑主要呈现为唐朝样式，如蓟县独乐寺观音阁、应县佛宫寺释迦塔，作为现存为数不多的辽代建筑，其建筑样式便是典型的唐代雄健的建筑风格。这主要是由于辽所统治的农耕区域作为曾经的唐朝河北四镇，在五代时期便已经归属辽，故而其文化主要承袭唐风。

逮至辽朝中后期，在与宋朝的长期对峙中，宋朝的建筑风格传入辽朝。故而造就了辽朝中后期建筑在风格上呈现一种融合的感觉，既有唐朝的雄浑，又兼具宋代建筑的华美。辽朝的此种建筑风格在瓦当中亦表现明显。

第二节　典型瓦当

辽代瓦当主要分为两大类，兽面纹瓦当和花卉纹瓦当。其中兽面纹瓦当是这个时期的主流瓦当，贯穿了整个辽朝时期。不仅如此，兽面纹瓦当亦是目前考古发现的最大一类辽代瓦当，不仅数量巨大，而且种类繁多。辽代兽面纹瓦当总体上来看边轮较宽，兽面突出，短线状的鬃、鬃毛，兽面双眉上翘，双目圆睁，胡须成绺状向外撇，[①]这正是典型的隋唐瓦当的特点。

花卉纹瓦当则主要是莲花纹瓦当与牡丹纹瓦当。在花卉纹瓦当中，莲花纹瓦当最为流行，仅次于兽面纹瓦当。莲花纹瓦当依据其纹饰形状又大致分为单瓣莲花纹瓦当、双瓣莲花纹瓦当、变体莲花纹瓦当等。辽朝花卉纹瓦当主要流行于辽朝中前期，后期逐渐消亡，其流行应与辽朝浓厚的佛教信仰有关。

---

①李立志：《辽代瓦当研究》，黑龙江大学，2022年学位论文。

此外，辽朝还有一类瓦当，虽然目前发现的数量不多，但其地位颇高，这便是龙纹瓦当。根据出土资料，虽然数量不多，但其发现地多是一些辽朝大型宗教建筑，故而龙纹瓦当在辽朝瓦当中地位颇高。加之目前发现的龙纹饰瓦之质地多为琉璃瓦，这在辽代瓦当中颇为少见。目前仅在辽代高等级的建筑用瓦中才发现少量的琉璃瓦，这更加凸显了龙纹饰瓦当在当时的重要地位。龙纹瓦当除了基本的建筑构件功能，还有体现建筑等级之作用。

辽代往往运用瓦当纹饰的不同来表示建筑性质。除了龙纹瓦当，辽代主要使用兽面纹瓦当纹饰中兽面周边纹饰以及兽面毛发、五官等来展现建筑之性质。比如，兽面纹瓦当的兽面周围只有一圈连珠纹，则代表其大概率为宗教建筑构件；兽面纹周边有一圈突弦纹，则代表其为城址建筑构件；兽面周边为连珠纹加突弦纹，则代表其多为陵寝建筑构件。

作为辽朝基础性的建筑构件之一的瓦当，其不仅仅能够保护建筑的屋顶，更是辽朝文化的反映。如前所述，辽代除契丹族传统文化之外，还受到唐宋文化的影响。不仅如此，世人曾有"辽以释废，金以儒亡"[1]之语。虽其说颇为不实，但亦反映了辽代对佛教的崇信。故而，辽代受到佛教文化的影响颇深，辽太宗曾将观音菩萨庙立为家庙，由此可见一斑。在契丹传统文化、唐宋文化及佛教文化的共同影响下，辽朝的各方面皆呈现一种文化交融的现象，瓦当亦如此。

总而言之，辽代瓦当纹饰主要以兽面纹、龙纹、花卉纹为主。在质地方面，琉璃瓦仍未普及，在一些高等级的建筑上才会出现。

随着陶瓷烧造技术的进步，陶瓷类建筑构件的产量越来越大，烧造

---

① 宋濂：《元史》卷一六三《张德辉传》，中华书局，1976年版，第3823页。

成本越来越低。自唐代以后，在建筑物的建造中运用瓦这一建筑构件已经逐渐普及，瓦当亦在普通民居的建造之中得以运用。尽管辽代的手工业相对于中原地区而言比较落后，但是从考古发现上来看，仍有不少辽代窑址被发现，如北京地区发现的龙泉务窑窑址、赤峰地区发现的缸瓦窑窑址等，这些均说明辽代是有一定的陶瓷烧造手工业的，解释了为何在辽代遗址中发现了大量的瓷器及瓦当。

一、兽面纹瓦当

辽代的兽面纹瓦当是目前出土数量最丰富的一类瓦当。目前，出土资料显示，辽代兽面纹瓦当的出土地域主要集中于内蒙古地区、东北地区、华北地区。其中，内蒙古地区、东北地区出土兽面纹瓦当数量最多，类型最为全面。[①]因此，我们主要以内蒙古地区、东北地区出土的兽面纹瓦当为探讨对象。

辽代兽面纹瓦当的形象千奇百怪，或额上生毛，或口内衔环，但共同特征表现为眉下眼窝深陷，眼球鼓凸，并刻意表现出张开的大嘴与令人生畏的獠牙，面目狰狞，也更为抽象。

根据目前出土的资料，可以将辽代兽面纹瓦当大致分为以下几类。

A型：此类兽面纹瓦当的共同特征为，兽面和外廓之间以弦纹和连珠纹各一圈为饰，如图7-1所示。该型兽面纹瓦当亦分为两类，其中一类兽面口内衔环，其兽面眉毛上挑，额上及下颌的鬃毛分别向上和左右弯曲；另一类则兽面口内不衔环，其兽面双目圆睁，眉毛上竖，三角形鼻较小，龇牙，鬃、鬓、须呈短线状，非常凶恶。

---

①李立志：《辽代瓦当研究》，黑龙江大学，2022年学位论文。

图7-1 A型兽面纹瓦当[1]

B型：此类兽面纹瓦当的共同特征为，兽面和外廓之间仅以连珠纹一圈为饰，如图7-2所示。该型兽面纹瓦当亦可分为两类，其中一类兽面口内衔环，其兽面眉毛平直，头上有角，两鬓及下颌的鬃毛分别卷曲成团；另一类则兽面口内不衔环，其当面与边廓近乎齐平，兽面双目圆睁，眉毛上竖，三角形鼻较大，阔口大张。

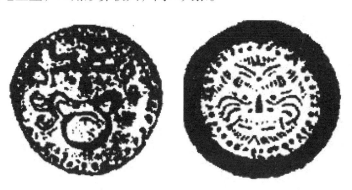

图7-2 B型兽面纹瓦当（a）[2]

[1]申云艳：《中国古代瓦当研究》，文物出版社，2006年版，第224页。
[2]申云艳：《中国古代瓦当研究》，文物出版社，2006年版，第224页。

图7-2　B型兽面纹瓦当（b）[1]

C型：此类型兽面纹瓦当的共同特点是，兽面与外廓之间有弦纹一或两圈为饰，如图7-3所示。该型兽面纹瓦当亦可分为两类，其中一类兽面口内不衔环，兽面双目圆睁，鼻子呈三角形，眉毛上翘，阔口大开，牙齿显露，鬓须明显；另一类则兽面口内衔环，其兽面头生双角，呈上翘之势，口内衔一环。

图7-3　C型兽面纹瓦当[2]

---

①郭兵编著：《橡檐遗珍》，山西人民出版社，2010年版，第19页。

②申云艳：《中国古代瓦当研究》，文物出版社，2006年版，第224页。

　　建筑艺术博物馆馆藏辽代兽面纹瓦当多件，具体形制如下。

　　如图7-4所示，此瓦当的当面有所破损，但主体部分保存完整。瓦当周围是宽平轮的周缘，瓦当兽面纹口内衔环，眉毛上翘，髯毛弯曲。正中兽纹略微突出于瓦当面，兽面五官饱满，鬣髯茂密，是辽代典型的兽面纹瓦当。

图7-4　兽面纹瓦当[①]

　　时代：辽　直径：14.5厘米　出土地：内蒙古
　　圆形，灰陶，色黑，宽边轮，造型规整

　　如图7-5所示，此瓦当的当面有所破损，但主体部分保存完整。瓦当周围是宽平轮的周缘，瓦当兽面纹有吻，无犄角，眉毛平直。正中兽纹略微突出于瓦当面，兽面五官饱满，周围以连珠纹为饰，是辽代典型的兽面纹瓦当。

---

　　①河北工程大学建筑艺术博物馆馆藏。

图7-5 兽面纹瓦当[①]

时代：辽　　　直径：18厘米　　　出土地：内蒙古

圆形，琉璃，绿釉，宽边轮，造型规整。

二、莲花纹瓦当

辽代莲花纹瓦当目前在内蒙古地区发现的最多，其共同特点是，当心以为乳钉为花蕊，也有部分莲蓬状花蕊。在花蕊外面则有多个花瓣围绕当心，花瓣的形状和花瓣间的纹饰变化是多样的，一般花瓣皆为单瓣，偶有双瓣，间或有呈乳丁形的花瓣。

辽代莲花纹瓦当大部分不大，唐以后瓦当的尺寸都在变小，这与建筑技术的进步有关系，瓦当不再需要直接保护椽子，故而瓦当面积普遍变小。辽代莲花纹瓦当的直径一般为15厘米左右，个别能达22厘米。

辽代莲花纹瓦当一般可以分为以下几类。

A型：瓦当的当心以一乳丁为花蕊，外廓内以凸弦纹一圈为饰，当面饰7瓣无廓单瓣莲花纹，如图7-6所示。

---

①河北工程大学建筑艺术博物馆馆藏。

图7-6 A型莲花纹瓦当①

B型：瓦当的外廓上有一圈连珠纹为饰，当面中心以乳钉为花蕊，外又饰7瓣单瓣莲花纹，如图7-7所示。

图7-7 B型莲花纹瓦当②

C型：瓦当一种莲瓣变形为乳丁状的莲花纹瓦当，有的大小乳丁布满当面，边轮内一般饰一周凸弦纹，有的边轮内饰以一周凸弦纹夹短线纹带，每4条短线间又饰一乳丁，如图7-8所示。

①申云艳：《中国古代瓦当研究》，文物出版社，2006年版，第227页。

②申云艳：《中国古代瓦当研究》，文物出版社，2006年版，第227页。

图7-8　C型莲花纹瓦当[1]

D型：一种四瓣叶形复瓣莲花纹瓦当，纹饰明显具有渤海瓦当特征，如图7-9所示。

图7-9　D型莲花纹瓦当[2]

E型：莲花纹瓦当边轮内饰一周联珠纹，边轮上饰双点联珠、三点联珠，花瓣为双层，当心以多个小乳丁表现莲蕊，如图7-10所示。

图7-10　E型莲花纹瓦当[3]

---

①申云艳：《中国古代瓦当研究》，文物出版社，2006年版，第227页。

②申云艳：《中国古代瓦当研究》，文物出版社，2006年版，第227页。

③申云艳：《中国古代瓦当研究》，文物出版社，2006年版，第227页。

第八章 金代瓦当

金代瓦当深受宋、辽瓦当的影响，仍然以兽面纹瓦当为主。所不同之处则仅限于瓦当纹饰的细微表达。

第一节　历史背景

金是由发源于中国东北地区的女真人所建立的政权。公元1125年，金灭辽；公元1127年，金灭北宋。至此，金不仅统治了原辽所辖区域，其统治更是深入中原腹地，与南宋以大散关、秦岭淮河一线为界。

尽管在武力上金拥有巨大的优势，但是由于女真人在政权建立之时，发展程度远远逊色于中原地区，即使是与早期的契丹族相较，亦显落后。故，金政权建立后，便在制度、文化等方面积极向中原学习。天会四年（1126），金朝攻破北宋都城，"节次取皇帝南郊法驾之属。是日尚书省奉军前圣旨令取五辂副辂、卤簿仪仗、皇后以下车辂、卤簿仪仗，皇太后、诸王以下车辂、卤簿仪仗，百官车辂、仪仗，礼器、法物、礼经、礼图、大学轩架乐、舞乐器、舜文王琴、女娲笙、孔子冠图、谶竹简、古画、教坊乐器、乐书乐章、祭器、明堂布政图、闰月体式、八宝九鼎、元圭郑圭、大器合台、浑天仪、铜人刻漏、古器，秘阁三馆书籍、监本印板、古圣贤图像、明堂辟雍图、皇城宫阙图、四京图、大宋百司并天下州府职贡令宋人文集、阴阳医卜之书"[1]，"金人之入汴也，时宋承平日久，典章礼乐粲然备具。金人既悉收其图籍，

①徐梦莘撰：《三朝北盟会编》卷七七《宣和录》，上海古籍出版社，2019年版，第584页。

载其车辂、法物、仪仗而北"①。由此可见，金朝从宋朝搜罗了大量文物、书籍，而这又成为金朝创立自身文化、礼仪的来源。金朝甚至将北宋都城御花园中的假山整体移走，足见金朝对于此时中原文化即宋朝文化之渴求，亦可见宋朝文化对金朝影响之深。

不仅如此，金亦较多地受到辽文化影响，尤其是金代前期。这主要是由于金代前期的统治中心在黄河以北，主要为原辽代统治区域。金朝迁都以后，则如上文所言，更多地吸收了宋代文化。对于作为文化一部分的建筑文化，辽与北宋的建筑风格自然也深刻地影响了金代建筑。具体到瓦当，金代亦继承了辽、宋代的风格。

第二节　典型瓦当

金代瓦当大致可分为兽面纹瓦当、龙纹瓦当、花卉纹瓦当等类型，其中兽面纹瓦当是金代瓦当的主流。

与辽代兽面纹瓦当相比，金代兽面纹瓦当的纹饰整体造型更加质朴、简单，兽面更加生动且隆起于瓦当表面。

根据目前考古发现，金代北部地区出土的兽面纹瓦当较多，其中内蒙古地区出土的金代兽面纹最多，其次为北京地区。

内蒙古地区出土的金代兽面纹瓦当大致可分为两种：衔环兽面纹与带"王"字兽面纹瓦当。这一地区瓦当大多边缘较窄，几乎没有边轮，纹饰线条粗犷。兽面的双耳多为叶状，眉毛较平直，有的双眉上有角，鼻子多较第一期细长。很多兽面纹瓦当为虎头纹瓦当，额头上有"王"

---

①脱脱撰：《金史》卷二八《礼志一》，中华书局，1975年版，第691页。

字。鬓鬣须成卷曲的增多。兽面大部分口内不衔环，少数衔环。有的兽面纹外有一周短线纹带。[1]

北京地区出土的金代兽面纹瓦当整体上与内蒙古地区所出土的类似。但在纹饰表达上，北京地区所出土兽面纹瓦当多采用弦纹或联珠纹装饰瓦当一圈，而这在内蒙古地区是很少见的。

龙纹瓦当是金代瓦当的代表性瓦当，其当面纹饰多为浮雕，龙首居于瓦当中部，身体盘旋于周边，呈盘龙状，辅以宝珠纹或流云纹。其龙纹造型生动，鳞片粗大，龙身粗犷强健，苍劲有力，作腾跃状。

学界曾经一度认为龙纹瓦当最早应是在金代才出现。后来的考古发掘证实龙纹瓦当出现的时间远早于金代。战国时期就已有龙纹瓦当的存在，燕下都遗址考古中出土的夔龙纹瓦当便证实了这一点。这个时期瓦当的龙形纹饰与饕餮纹瓦当类似，只不过是青铜器纹饰的一种延续。

秦汉之时亦有龙纹瓦当，尤其是汉代的四神瓦当之中的龙纹瓦当，代表了汉代的驱邪、震慑的思想。汉代之后，龙的形象逐渐为统治阶层所垄断，开始成为皇权的象征。加之佛教开始大规模传播，莲花纹瓦当慢慢成为主流，龙纹瓦当慢慢开始淡化。直至金元时期，龙纹瓦当再次兴盛起来。

---

[1] 申云艳：《中国古代瓦当研究》，文物出版社，2006年版，第225页。

第九章　元代瓦当

第一节 历史背景

元是由蒙古族建立的政权。公元1271年元世祖建立元朝，随后便南下攻宋，公元1279年南宋灭亡，在宋、辽、金、西夏分裂六百余年之后，中国再次统一。与之前的统一王朝不同，与历史上其他由少数民族建立的政权亦不一样，元朝是第一个由边疆少数民族建立并成功实现统一、入主中原的政权。

元朝建立之后，其统治方式相较于宋朝等其他中原王朝是非常野蛮的。元朝对人民的控制远超宋朝，大量人口尤其是手工业者被元朝贵族掠夺为奴隶，这导致宋代一度极其发达的私营手工业，在元朝时停滞不前。正如孟森先生所言："自有史以来，以元代为最无制度，马上得之，马上治之。当其清明之日，亦有勤政爱民，亦有容纳士大夫一二见道之语，然于长治久安之法度，了无措意之处。"[1]

但是，元朝又是中国历史上非常特殊的一环，对后世产生了很大的影响。首先，元朝奠定了我国国土的基本范围。元朝是我国历史上直接统治面积最大的王朝。自元朝始，西藏地区成为我国中央政府直接管辖的地区；亦是自元朝始，中央政府在台湾地区正式设立行政机构——巡检司。如果加上蒙古四大汗国的领土，那么元朝的统治区域将会更大。元朝还是中国历史上首次采用吉祥字作为国号的政权，忽必烈以易经中"大哉乾元"之义，以"大元"为国号，一改之前王朝使用发祥地为国号的传统。不仅如此，元朝开创的行省制度影响至今。

---

[1]孟森：《明史讲义》，北京理工大学出版社，2018年版，第29页。

尽管元朝的野蛮统治方式在历史上多被诟病，但元朝统治者又大力提倡儒学，将宋朝兴起的理学定位为官学；对于不同的宗教如藏传佛教、道教以及蒙古族萨满教等都采取兼容并包的政策。加之，元朝境内民族众多，各民族杂居在一起，文化相互融合，形成了元朝多元化的文化特点。这种开放、兼容、务实的文化特点亦影响了元代的建筑，给元代建筑、雕塑、壁画等带来了新的审美，对于建筑结构和建筑构件也带来了新的变化，这其中便包含了瓦当。

第二节　典型瓦当

目前元代瓦当大多出土于北京、河北和内蒙古等地区，这些地区是元朝传统的统治中心，包括元上都、大都和中都。元代瓦当从质地上看主要是琉璃瓦当，这与元代贵族在建筑上追求华丽有关系。《马可波罗·游记》中记载了元大都宫殿上的瓦："顶上之瓦，皆红黄绿蓝诸色，上涂以釉，光泽灿烂，犹如水晶，致使远处亦见此宫光辉。"[①]

根据出土资料，当前元代的瓦当中以龙纹瓦当和兽面纹瓦当占比最大，其次为花卉纹瓦当。元代瓦当在整体风格上较为写实，兽面纹瓦当的纹饰非常生动，兽面五官饱满；龙纹瓦当则变化多样，龙身刻画细致；花卉纹瓦当相较于前朝则较为简单和抽象。元代瓦当按照质地来分，在元代都城中出土的多为龙纹琉璃瓦当；而地方城址中出土的多为素面兽面纹及花卉纹瓦当，亦有少部分琉璃瓦当，如在内蒙古元代集宁路古城遗址中亦曾发现一件元代龙纹瓦当。

---

①马可·波罗著；肖民译：《马可·波罗游记》，陕西人民出版社，2012年版，第82页。

在元代最具代表性的便是龙纹琉璃瓦当，当前出土最多的便是元上都与元中都遗址。

元上都遗址出土中出土的多件龙纹瓦当，一般龙身较瘦，鳞片细小，龙全身卷曲，呈盘曲翻滚之状，伴有云纹和水纹。

元中都出土的龙纹瓦当，其龙头位于当面的中央，龙首昂起，龙颈细长，呈流畅的"S"形，目视前方，龙嘴紧闭，胡须飘逸飞扬，龙角紧贴颈部，双角上翘，毛向后飘、毛尖下垂，龙身环龙头盘绕翻滚，龙身粗壮浑圆，身披鳞甲，两个前腿一前一后将爪置于弦纹内缘，有肘毛，胸前有一个圆球状装饰。龙尾从右后肘下穿出，向上绕过右后腿，尾后部屈曲贴附。

安西王府龙纹瓦当，龙口微张，唇部翻卷，颈部鬃毛飘向后方，龙身反转，尾段曲扭在龙首上方，身躯饰鳞甲纹。当面龙纹间不规则散布有5个直径0.6厘米左右的深孔。当缘较宽，缘面微凸，有一周凹弦纹。

由此可见，三处城址瓦当龙纹虽然在细节上有所不同，如其中龙身粗细不同，龙角长短不一，龙目及龙口阔张有大小之分，形态各异，边轮宽度不统一。但整体上皆为卷曲"S"形，整体姿态相似，说明"瓦当生产虽有大体相同的规制、尺寸，但在细节处理上依据工匠的制作不相同"。[1]

元代瓦当按照当面纹饰大致可分为龙纹瓦当、兽面纹瓦当、花卉纹瓦当几种，具体如下。

---

[1] 石若瑀：《元代都城建筑琉璃工艺特征与产地研究》，西北大学，2022年学位论文。

一、龙纹瓦当

元代龙纹瓦当按照龙首的位置可以大致分为以下两种类型。

A型：龙首位置居于当面的右上方。如在元上都遗址中出土了一件龙纹瓦当，其龙首居于当面的右上方，龙首向后张望。龙身有四爪，身体呈卷曲状，作腾跃翻腾状。在当面与外廓之间有一圈弦纹为饰，如图9-1所示。

图9-1　A型龙纹瓦当①

B型：龙首居于当面的中间部位。龙首居中，龙首向上，龙头较小，龙尾摆到龙首上方，龙身细长，有四爪，四肢较短，身体蜷曲，呈"S"形，体作跃状奔走状，周围有云纹，饰有黄釉，边轮和瓦身饰蓝釉，纹饰外有一周弦纹，如图9-2所示。

①内蒙古文物考古研究所：《元上都宫城1号基址发掘报告》，中国大百科全书出版社，1997年版，第89页。

图9-2　B型龙纹瓦当[①]

二、兽面纹瓦当

元代兽面纹瓦当可根据有无獠牙分为两类，一种为有獠牙型，一种为无獠牙型。

如图9-3所示，在内蒙古和林格尔土城子遗址出土的有獠牙型兽面纹瓦当，其兽面五官清晰，两颗獠牙外露。兽面周遭皆有弯曲的鬃毛，粗眉向上弯翘，额上有向上竖直的毛发，呈火焰状。

图9-3　有獠牙型兽面纹瓦当[②]

---

①内蒙古文物考古研究所：《元上都宫城1号基址发掘报告》，中国大百科全书出版社，1997年版，第89页。

②内蒙古文物考古研究所：《元上都宫城1号基址发掘报告》，中国大百科全书出版社，1997年版，第89页。

如图9-4所示，在内蒙古地区元上都遗址出土的无獠牙型兽面纹瓦当，其兽面五官夸张，无獠牙，双目圆睁，眉毛上翘，嘴部弯曲亦呈上翘状，在周遭连珠纹和弦纹个一圈为饰。

图9-4　无獠牙型兽面纹瓦当[①]

①陈永志：《内蒙古出土瓦当》，文物出版社2003年版，第59页。

第十章　明代瓦当

第一节　历史背景

公元1368年，朱元璋即皇帝位，明朝正式建立，定都南京。同年七月，元顺帝及其后宫人等仓皇逃出大都；八月，明朝大将徐达率军进入元大都。至此，元朝灭亡。明朝建立后，朱元璋大肆分封自己子侄。虽然朱元璋规定藩王"列爵而不临民，分藩而不锡土"①，但朱元璋在明朝北部边疆所分封的数位藩王皆手握军权，成为明朝中央政权的极大隐患。公元1398年，朱元璋去世，皇太孙朱允炆即位，是为建文帝。建文帝即位后便着手削藩，但由于操之过急，引起燕王朱棣的反抗，进而引发了著名的靖难之役。靖难之役的结果便是朱棣即皇帝位，并将都城迁往北平，改名为北京。而此举不仅仅使明朝的统治中心转移至北方，更将影响延续到后世。

明朝建立后，在政治上施行了一个影响后世的政策，即取消丞相制度。中央六部直接对皇帝负责，这无疑将皇帝的权力进一步加强，君权独一无二的思想再一次强化。这不仅仅对明朝及后续的清朝的政治产生了重大影响，对明朝社会也产生了极大的影响，反映到建筑上便是对于建筑的等级规定极其严格。

明政权建立后，除积极恢复农业生产外，还在乡、县一级建立学校，鼓励人们参加科举。此举提高了社会文化普及程度。随着明朝经济的发展，一个有文化的市民阶层产生。而市民阶层对于世俗文化的需求又促进了世俗文化的发展，这亦影响了明代的建筑。

①张廷玉：《明史》卷一二〇《诸王五》，中华书局，1974年版，第3659页。

总之，不论是明代的政治还是社会生活，均对明代建筑及建筑构件——瓦当产生了影响。

第二节　典型瓦当

从明代开始，建筑顶部铺设瓦已成为普遍现象，尤其是琉璃瓦得到了极大的普及。但是根据目前的考古资料，出土的明代瓦当总体上仍以龙纹和兽面纹为主，其中龙纹尤多，瓦当质地多为琉璃质地。

明代的瓦当纹饰仍以图案纹为主，包括龙纹、兽面纹、植物纹等。其中龙纹占据了主要比例，而兽面纹相对唐时而言已大大减少，花卉纹瓦当相对较少。龙纹分为三种，包括奔龙纹、升龙纹、盘龙纹，又以升龙纹最为流行。从形体而言，明代龙纹瓦当与金元时期的龙纹有明显的发展关系，同者为龙首部均呈"S"形，龙体围绕瓦当的边轮盘卷；不同的是龙兽昂起，龙尾与后足分离，精细传神，极富有动感，表现了龙的非凡气概。龙纹的盛行或许与明代统治者以龙自居并将龙作为最高统治者威仪的象征有关。建筑艺术博物馆馆藏明代龙纹瓦当多件，择其中典型瓦当介绍，具体形制如下。

如图10-1所示，此瓦当稍有破损，但主体保存完整，为黄色琉璃质地。瓦当龙首位于瓦当的中心，身躯蜿蜒曲折。龙首高昂，龙目圆睁，龙须及鬃毛随风飘动，显得生动而富有动感，龙爪的指节分明，指甲尖锐，龙尾则灵活摆动，是明代典型的龙纹琉璃瓦当。

图10-1　龙纹瓦当①

时代：明　　　直径：19厘米　　　出土地：江苏

圆形，琉璃，黄釉，宽边轮，造型规整。

如图10-2所示，此瓦当稍有破损，但主体保存完整，为绿色琉璃质地。瓦当龙首位于瓦当的中下部，龙首高昂，似在追赶前方之太阳，龙身弯曲，龙爪的指节分明，指甲尖锐，龙尾则灵活摆动，显得生动而富有动感，是明代典型的龙纹琉璃瓦当。

图10-2　龙纹瓦当②

时代：明　　　直径：19厘米　　　出土地：江苏

圆形，琉璃，绿釉，宽边轮，造型规整。

①河北工程大学建筑艺术博物馆藏。
②河北工程大学建筑艺术博物馆藏。

兽面纹瓦当不像前朝富有立体感，主要用线勾勒兽面的轮廓，其形象趋于简化。花卉纹瓦当多沿袭前代，但往往会对茎、叶片和花朵都进行细致刻画和表现，以追求繁复、浓厚的装饰美感。除传统的花卉纹瓦当外，明代还出现了番莲纹瓦当。西番莲，又称西洋花，这一来自西域的植物题材在瓦当纹饰中出现，既满足了审美与装饰需求，也是中外贸易、文化交流的良好印证。

除此之外，明朝还有一种较为特殊的瓦当，即戏曲瓦当。戏曲瓦当是瓦当中的一种，它在形状、大小和制作上与普通瓦当并无甚区别，只是在纹饰上有所区别。如前所述，明代瓦当一般为兽面纹、龙纹和花卉纹。而戏曲瓦当则完全不同，它以一种全新的艺术形态展现在我们面前，传递给我们历史和社会的信息以及美的艺术享受。

第十一章 清代瓦当

第一节 历史背景

公元1644年，崛起于白山黑水之间的女真人后裔——满洲人正式登上历史舞台的中央。彼时，年仅7岁的爱新觉罗·福临由山海关进入北京。在北京，福临祭天并登基，是为清世祖。自此，中国最后一个封建王朝——清朝正式入主中原。

清朝建立后，对于维护中国领土完整作出了积极的贡献。清军入关后，在投降的明朝军队的带领下，迅速打败了农民起义军和数个南明朝廷，基本实现了中原的统一。公元1681年，清朝平定了三藩之乱。公元1683年，清朝收复了台湾，并于次年在台湾设置一府三县。公元1755年，清政府平定了持续六十多年的准噶尔上层分子叛乱。此后，清政府又陆续平定了大小和卓叛乱、张格尔叛乱等，击退了廓尔喀对西藏的侵略，与沙皇俄国签订了《中俄尼布楚条约》《中俄恰克图条约》，确定了清朝与沙俄之间的边境线。清朝不仅积极维护了中国的领土完整，更为后世的中国疆域奠定了基础。不仅如此，清朝是中国古代文化大总结的一个时期，《古今图书集成》和《四库全书》的编撰为我国保存了大量的珍贵书籍。

但是也应该看到，清朝在维护国家领土完整的同时，也实行了非常野蛮统治政策，如圈地政策、剃发易服政策，并制造了"扬州十日""嘉定三屠"等惨案。而清朝在进行文化整理的过程中，为了维护其统治，亦推行了非常严苛的文化禁锢政策，导致清朝大量知识分子只好埋首故纸堆，脱离现实，形成了所谓的乾嘉学派。

清朝这种对于知识分子思想的控制，造成知识分子思想僵化，也影响了整个清朝社会，并逐步反映到社会各行各业，如清朝的瓦当纹饰中的龙纹瓦当，其龙身具有细密无比的龙甲，通常为5个爪子，虽然形态非常规整却难以体现厚重之感，且相较于明代显得苍老，缺乏创造力。

第二节　典型瓦当

整体上来看，明清瓦当的类型大致是相同的，清代的瓦当纹饰基本上承袭了明代瓦当的风格和样式。清朝瓦当亦以龙纹瓦当为主，兽面纹瓦当、花卉纹瓦当出土数量较少，而汉代风靡一时的文字瓦当更是稀少。清代瓦当目前出土和保存最多的应该是河北承德的避暑山庄和北京的颐和园。

瓦当发展至清代，其艺术性、审美价值已经很难与秦汉或唐代相比较了。但是由于清代陶瓷业发达，瓦当的制作技术非常成熟，故而整个清代瓦当的普及率非常高，寻常百姓之家亦用瓦当装饰房屋。清朝的瓦当纹饰有龙纹类、莲花纹类、兽面纹类、文字类及其他的纹饰类。

首先，清代的龙纹瓦当，其龙纹的形象皆继承自明代。在继承明朝龙纹艺术的基础上，清朝龙纹瓦当更进一步发展，产生了更加精美的龙纹瓦当。清代龙纹瓦当在造型上更精美，龙身雕琢得更加精细，纹饰更加细腻，龙纹也更具神秘色彩。清代龙纹瓦当基本上为蛇形龙，至于秦汉之际的走兽形龙则已不可见。不仅如此，清代瓦当上的龙纹形象逐渐程式化，严格按照所谓"龙有九似"来刻画，即"龙有九似，头似蛇、角似鹿、眼似兔、鼻耳似牛、颈似蛇、腹似唇蟒、鳞似鲤、爪似鹰、掌似虎"①。此种刻画方式虽然细腻、华丽，但创造力不足，显得僵化。

按照清朝的龙图像形态，龙纹可分为团龙、蟠龙、行龙、翔龙、云龙、海水龙、穿花龙、火龙等。而清朝龙纹瓦当由于其当面多为圆形，故而龙纹瓦当的纹饰基本都为团龙，即龙的头尾相交，组成团花图案。

清代龙纹瓦当按照质地来分，包括龙纹琉璃瓦当和龙纹布瓦当两种，其中龙纹琉璃瓦当存世最多，是清代龙纹瓦当的主流。

如前文所述，龙纹琉璃瓦当的纹饰的图案主要以团龙的形态表现。龙纹琉璃瓦当的纹饰多样，龙的形状亦不大相同：有的继承汉代四神瓦当中青龙之形态，呈侧视的昂首挺胸奔跑状；有的龙首居中，龙身随瓦当圆轮而伸展成团龙状；有的龙首居上中，龙身呈"S"形左右摆动，最后在左侧与龙首前对应；有的当面突出龙首，龙身较细小，呈远来之势；有的一改当面龙纹的侧视造型，龙首成俯视之态，龙身随其首环园摆动，呈高处奔来之态；又有的瓦当当面呈四龙盘搅状，龙首位置分散。②

其次，清代的莲花纹瓦当。清代莲花纹饰相较于龙纹瓦当其数量比较少，且种类不是很多。从目前考古资料来看，莲花纹瓦当其主要有以下两大类：一类是当面只有莲花，周围辅以连珠纹或多重弦纹；另一类是当面为带叶莲花。每类莲花纹瓦当又有多种表现形式。比如，俯视图类有宝相花和多瓣莲花等表现形式；侧视图类有六瓣、七瓣、八瓣、九瓣和多瓣变形莲花等表现形式。莲花纹瓦当的纹饰构图十分精细，一般当面以当心花瓣组成浮雕式的莲花纹饰，四周配以蔓草纹，图式古朴而雍容华贵。如一品七瓣莲花纹瓦当，当面为一朵侧视七瓣莲花居中，下

①汪田明：《中国龙的图像研究》，中国艺术研究院，2008年学位论文。

②兰义和，李林俐：《承德皇家砖瓦雕饰艺术》，远方出版社，2004年版，第6页。

连根、茎、叶，两侧以蔓草及5个圆形小蔓草花瓣环圆相配，莲花正上方有较小凸起的太阳和祥云，造型别具一格，飘逸自然，有较强的写实风格。又如一品俯视多瓣莲花纹瓦当，其纹饰以当面圆心为一凸起的圆作花蕊，四周以15个花瓣均布，外以圈线环之，环线外饰以连珠纹，整个纹饰均设计十分完美。这种纹饰仍保留着晚唐至宋初莲花纹瓦当的遗痕，是一种抽象、夸张的表现手法。这一时期莲花纹是瓦当纹饰中的主纹并呈现推陈出新、五彩缤纷的局面。在遗存今日的莲花纹瓦当中，共发现有110条多种。这个数字在历代莲花纹瓦当挖掘与记载中是没有的。在种类、构图、造型、寓意等诸方面都具有这一时期的个性与风格。因此，我们在研究中国瓦当史时，清代康乾盛世时期的莲花纹瓦当艺术，是一个不可忽视的重要研究部分，在中国瓦当史上也应是一个鼎盛时期，占有其辉煌的一页。

再次，清代的兽面纹瓦当。其亦如明代兽面纹瓦当，形象较为抽象，难辨具体的动物形象，且鬃毛繁密。兽面纹瓦当在清代主要是狮、虎、鹰隼和其他兽面纹瓦当。这些兽面纹瓦当当面，有的中心凸起，有的在平面雕划。其造型有的为三角形蒜头鼻，细眉圆眼，船形口，当面四周饰连珠纹，极富立体感；有的是粗眉大眼，三角鼻，长方大口，两边几道向上弯曲的须毛，狰狞恐怖，具有很强的威严感。这些兽纹瓦当多以正面头部为图案，具有很强的夸张与抽象艺术形式，细细品味，仍遗存有很浓的辽金时期兽面纹瓦当艺术之遗韵。

除此之外，清朝还有一些文字瓦当、金属类瓦当留存。其中金属类瓦当，前代未曾出现过，清朝也不少见，多是在一些皇家寺庙中出现。

一、龙纹瓦当

龙纹瓦当按照质地分为龙纹琉璃瓦当和龙纹布瓦当，其共同特点是龙身几乎布满整个当面，这种不留白的设计正和秦汉时期的瓦当风格相吻合。

清代龙纹瓦当中琉璃类瓦当数量最多。正如前文所述，清代的陶瓷业非常发达，琉璃烧造技术亦很成熟，清代皇家建筑的琉璃瓦使用非常普遍。"清代琉璃瓦之用极为普遍。黄色最尊，用于皇宫及孔庙；绿色次之，用于王府及寺观；蓝色像天，用于天坛。其他孔、紫、黑等杂色，用于离宫别馆。"[①]而龙纹的内涵乃是皇权的化身，皇帝即为龙。自汉以降，龙文化便受到各朝代统治者的尊崇。作为皇权的象征，龙纹自然不允许除皇帝以外的人随意使用，象征皇帝的龙只能盘卧在皇宫中，浮游在皇服上。而明清两代正是中国古代专制主义中央集权的巅峰，清代更是将皇帝的权力提到无以复加的地位，作为皇权象征的龙纹自然要有皇帝的唯一性。因此，作为皇帝象征的龙纹必然是要以琉璃材质的瓦当来呈现。此类瓦当大致可分为三类。

A型：龙首多置于当心处成侧视图，龙身沿边轮而伸展，其姿态呈腾云驾雾状，多在龙首上方的后腿处，龙尾突然旋转180度，而后再伸至龙嘴的前方，龙尾成鱼尾状。龙腿粗壮有力常为五爪，向前伸展呈奔跑状。在伸展的龙爪尖与龙尾之间有一个较小的宝珠。虬动之势极为粗犷，似乎蕴藏着无穷的力量，如图11-1所示。

---

①梁思成.中国建筑史［M］.北京：五洲传播出版社，2023：256.

图11-1　A型龙纹琉璃瓦当①

　　B型：龙首在瓦当的最上方，而龙身呈"S"形左右摇摆，有的龙纹瓦当纹饰，仍然保持着汉代四神瓦当中的青龙之韵，如图11-2所示。

图11-2　B型龙纹琉璃瓦当②

　　C型：清朝龙纹瓦当中比较少见的一类瓦当。当面纹饰将一龙变为4龙，4条龙相互缠绕，而突出一龙之首，其余三龙之首则处不同的方位而又较为隐蔽，其造型极为独特，实为罕见。其寓意为何，尚无确切理论解释，有学者认为象征着东、西、南、北四海龙王协调治水，风调雨顺，五谷丰，国泰民安，延年益寿之意，如图11-3所示。

①兰义和、李林俐：《承德皇家砖瓦雕饰艺术》，远方出版社，2004年版，第90页。

②兰义和、李林俐：《承德皇家砖瓦雕饰艺术》，远方出版社，2004年版，第91页。

图11-3　C型龙纹琉璃瓦当①

前文已述，龙纹为皇权的象征，故多用于高等级的建筑。因此，清代常见的龙纹瓦当多是琉璃质龙纹瓦当。但清代还有一类龙纹瓦当较为少见，即龙纹布瓦当，由于其表面并未施釉，故多用于一些较为次要的建筑角落。

如图11-4所示，此瓦当保存完整，当心，龙首与龙尾相衔接，环绕整个当面。龙头眼睛炯炯有神，胡须飘逸，身躯蜿蜒盘旋，鳞片清晰可见，非常生动。

图11-4　龙纹布瓦当②

时代：清　　　直径：14.5厘米　　　出土地：山东

圆形，灰陶，色青灰，边轮略宽，凸起，造型规整。

---

①兰义和，李林俐：《承德皇家砖瓦雕饰艺术》，远方出版社，2004年版，第90页。
②河北工程大学建筑艺术博物馆藏。

二、莲花纹瓦当

清代莲花纹瓦当在花卉类瓦当中占大多数。前文中便提到，逮至宋代，莲花纹瓦当已经褪去佛教神圣的外衣，而是单纯地从世俗审美的角度为世人喜爱。而清代莲花纹瓦当在展现世俗审美之外，再一次以高洁的佛教纹饰出现在清代建筑中。这主要是由于清朝的统治者皆崇信佛教，尤其是清朝晚期，慈禧太后更是以"老佛爷"自居，因此在颐和园和承德避暑山庄中留存了大量的莲花纹瓦当。清代莲花纹有一个共同的特点，即瓦当外廓宽大，而大部分的莲花纹饰则深凹于外廓。

清代莲花纹瓦当大致可以分为两类，一类是当面只有莲花，周围辅以连珠纹或多重弦纹；另一类是当面为带叶莲花纹。

（一）当面只有莲花

周围辅以连珠纹或多重弦纹，这在唐宋之际便是非常流行的莲花纹饰，在清朝莲花纹瓦当中亦属于主流。此类莲花纹瓦当亦可分成4种类型。

A型：在唐宋之际较为常见的莲花纹瓦当，即以一个乳钉为花蕊，花蕊周遭以16瓣单层花瓣包围，花瓣较细长，近似菊花。外廓以连珠纹为饰，内有凸弦纹将外廓与莲花纹隔开，如图11-5所示。

图11-5 A型莲花纹瓦当①

B型：以一个小圆钮式乳钉为中心，周遭饰以8个乳钉共同组成花蕊，而花蕊外又饰有双层莲瓣。每层莲花皆有8瓣，在最外侧又以8个乳钉纹为饰。这8个乳钉每一个分别与第一层的8个莲瓣尖相对，正好组成一个连珠纹。而第二层的8个莲瓣内尖则与花蕊外的8个乳钉纹分别相对。瓦当外廓大小适中，在瓦当当面上呈现由花芯向外的辐射状，使得当面纹饰更显得活泼奔放之势，如图11-6所示。

图11-6 B型莲花纹瓦当②

①兰义和，李林俐：《承德皇家砖瓦雕饰艺术》，远方出版社，2004年版，第23页。
②兰义和，李林俐：《承德皇家砖瓦雕饰艺术》，远方出版社，2004年版，第25页。

C型：以乳钉为花蕊，但是花蕊之外的花瓣则简化为细长型乳钉，在莲花纹与外廓之间饰以连珠纹和凸弦纹各一圈，如图11-7所示。

图11-7　C型莲花纹瓦当[①]

D型：以一个乳钉为花蕊，外侧为8个单层花瓣，在花瓣之外又以8朵四瓣花为装饰，将外廓与莲花纹隔开，如图11-8所示。

图11-8　D型莲花纹瓦当[②]

（二）带叶莲花纹

带叶莲花纹的纹饰在清代的莲花纹瓦当中属于别具一格的少数。此

[①]兰义和，李林俐：《承德皇家砖瓦雕饰艺术》，远方出版社，2004年版，第23页。

[②]兰义和，李林俐：《承德皇家砖瓦雕饰艺术》，远方出版社，2004年版，第25页。

类莲花纹瓦当按照花瓣及叶片的数量，可分为以下类型。

A型：其外廓大小合适，当面正下方以一钮形乳钉为花托，左右衬以托叶，叶子上有5个花瓣，花瓣呈弧形，5个花瓣分左、中、右均匀分布，中间花瓣上有3个小花瓣组成的小莲花，花上有4个云状的花萼，花萼沿着外廓呈左右对称分布，如图11-9所示。

图11-9　A型带叶莲花纹瓦当①

B型：构图较为独特，当心是一个较大而突起的桃形莲花瓣两旁是两个较大向内弯曲的莲花瓣，呈托捧之式，两莲瓣顶尖并向外伸展呈欲绽放之形态，其下是左右各两个莲花瓣均布，靠下边两个莲花瓣间有一个小的钮状花托，每个莲花瓣的外侧均有一道轮廓线，莲花瓣间都饰有数目不等形似蝌蚪状的花萼，边轮较宽，如图11-10所示。

---

①兰义和，李林俐：《承德皇家砖瓦雕饰艺术》，远方出版社，2004年版，第30页。

图11-10　B型带叶莲花纹瓦当[1]

　　C型：纹饰极具谐趣。该瓦当的当面设计得十分生动，瓦当中心为莲蓬状的花蕊，四周有9个花瓣均匀分布，花瓣中线突起，花蕊之下有茎与之相连，而花茎则和象征水面的4道水波纹相连。花瓣的正上方则停留一只蝴蝶。瓦当的左下方是一个圆形的莲蓬，其右是凸线勾画的荷叶，如图11-11所示。

图11-11　C型莲花纹瓦当[2]

　　与之相似的莲花纹瓦还有许多，如在承德避暑山庄出土的一个瓦

①兰义和、李林俐：《承德皇家砖瓦雕饰艺术》，远方出版社，2004年版，第31页。
②兰义和、李林俐：《承德皇家砖瓦雕饰艺术》，远方出版社，2004年版，第36页。

当，其当面中心是小钮式花托的九瓣莲花，整朵莲花较小，正中花瓣的上方是一轮太阳，花托之下有茎、叶、藕，与靠边轮的水波纹相连，四周是蔓草的茎、叶、花，如图11-12（a）所示。又如在承德市发现的一个瓦当，其当面为一个随风摇曳的莲花，莲花一侧还有一个莲蓬，当面上甚至刻画了莲花花瓣被风吹落的场景，整个画面极为生动，如图11-12（b）所示。

（a）　　　　　　　　　　　　　（b）

图11-12　莲花纹瓦当①

除了上述几种莲花纹瓦当外，在清代还有一类莲花纹瓦当主要表示好的寓意。如在颐和园中曾保存一个瓦当，被称作"一品清莲"。该瓦当的当面主要是由一朵莲花和莲花之下的水波纹组成，这便是利用了"清廉"和"青莲"之间的谐音，如图11-13所示。这类瓦当所要表现的与上面所述类型的莲花纹瓦意义不同，此类瓦当象征着清朝统治者的政治理想和政治品德。加之，此瓦当是在颐和园中发现的，更说明此类瓦当要表达的内涵。无独有偶，颐和园还出土过一个名为"本固枝荣"的瓦当，其瓦当当面由莲花、水波纹、水草等组成，所要表达的也是希望国家长治久安、稳定的意思，如图11-14所示。

①兰义和，李林俐：《承德皇家砖瓦雕饰艺术》，远方出版社，2004年版，第36页。

图11-13 一品清莲①

图11-14 本固枝荣②

三、文字瓦当

关于文字瓦当的起源，早期人们认为应该在战国或秦代便已经出现。理由便是，在宋代时发现的带有"羽阳千岁"的瓦当被认为属于战国时期秦武公所建的羽阳宫，继而又有人从字体角度研究，认为"羽阳千岁"的字体应属于小篆，由此判断此瓦当应为秦代之物。

然而此等观点一直未得到考古资料的证实，从考古发掘资料来看，

①翟小菊，赵丹苹：《颐和园瓦当纹饰艺术》，《中国紫禁城学会论文集》（第七辑），故宫出版社，2010年版，第260页。

②翟小菊，赵丹苹：《颐和园瓦当纹饰艺术》，《中国紫禁城学会论文集》（第七辑），故宫出版社，2010年版，第260页。

在战国和秦代重要的建筑遗址均未发现过文字瓦当。目前，学界普遍认为文字瓦当最早应当出现在汉代，从考古发掘的情况来看，出土了大量汉代的文字瓦当，如"平乐宫阿""上林农官""兰池宫当"等。关于汉代文字瓦当前文已经论述，这里不再赘述。

但是汉代之后，文字瓦当便不再出现了，代之的是莲花纹、兽面纹等瓦当。逮至清朝，文字瓦当再次出现。清代文字瓦当的字体主要以为篆书、隶书为主，而内容则主要以"寿"字为主（见图11-15），间有"福""喜"等字（见图11-16）。这主要是由于目前清代文字瓦当多是在皇家寺庙或皇家园林中发现的，而此类建筑的纹饰自然是要为皇室祈福服务的。例如，清高宗为其母亲颐养天年而修建的颐和园，其内文字瓦当几乎无一例外皆为"寿"。

图11-15 "寿"字文字瓦当①

————————

① 翟小菊，赵丹苹：《颐和园瓦当纹饰艺术》，《中国紫禁城学会论文集》（第七辑），故宫出版社，2010年版，第264页。

图11-16　"福"字文字瓦当[①]

四、兽面纹瓦当

清代的兽面纹瓦当继承自明代风格，线条较为抽象，多数无法分辨动物类型。清代兽面纹大体上可以分为以下类型。

A型：此类兽面纹瓦当与前朝兽面纹瓦当相似，当面以线条勾勒兽面，如图11-17所示。

图11-17　A型兽面纹瓦当[②]

B型：虎形兽面纹瓦当，此类兽面纹瓦当在战国便已出现，如河北燕下都便曾出土过虎形纹瓦当。至秦汉时期，虎形纹瓦当更是普遍，尤

---

①兰义和、李林俐：《承德皇家砖瓦雕饰艺术》，远方出版社，2004年版，第87页。

②郭兵：《椽檐遗珍》，山西人民出版社，2010年版，第89页。

其是汉代的四神瓦当中白虎瓦当极具特色。但是汉代之后，兽面纹瓦当虽继续存在，但虎形纹饰瓦当却不见踪迹。至清朝则出现少量虎形兽面纹瓦当，如图11-18所示。

图11-18　B型兽面纹瓦当①

　　除此之外，还有一类兽面纹瓦当或可称为动物纹瓦当，其内容主要是蝴蝶或蝙蝠（如图11-19所示），主要也是利用"蝶"与"耋"、"蝠"与"福"的谐音。

图11-19　"蝠"形兽面纹瓦当②

---

　　①郭兵：《橼檐遗珍》，山西人民出版社，2010年版，第89页。

　　②翟小菊，赵丹苹：《颐和园瓦当纹饰艺术》，《中国紫禁城学会论文集》（第七辑），故宫出版社，2010年版，第264页。

　　除上述几类瓦当之外，清朝还有一些比较少见的瓦当，比如在承德避暑山庄发现的铜胎鎏金"寿"字纹瓦当，又如在颐和园和承德避暑山庄都发现的"万"字纹瓦当等。

　　中华文化源远流长，中华文明博大精深。瓦当作为中国古代建筑独具特色的重要构件，集书法、绘画、雕刻等多重工艺于一体，兼具实用与艺术功能，是时人建筑工艺、艺术品位及精神诉求的物质载体。文献记载，建筑用瓦最早出现于夏桀时期，考古发现最早的瓦当则出自西周，此后先秦、两汉、隋唐直至明清时期，历代均有瓦当的制作与使用。近三千年间，其基本形制包括半圆形、圆形与大半圆形，制作材料则涵盖了灰陶、琉璃及金属等材质，纹饰可划分为图案、图像与文字等主要类型。不同类型瓦当的出现既是其自身功能转变与生产技术发展的结果，同时也是特殊的时代背景对于建筑文化的深刻烙印。

　　河北工程大学建筑艺术博物馆现藏古代瓦当132件，其时代起自西周，下迄明清，形制主要为半圆形与圆形，纹饰包括图案、图像、文字等类型，内容丰富，制作规整，技术精湛，均为不同历史时期瓦当的典型代表，体现了中国古代瓦当的发展历程与演变脉络，是研究古代瓦当与建筑发展的重要资料，也为研究其时的建筑工艺，

以及时人的艺术品位、精神诉求等提供了可靠的线索。

　　研究先对瓦当的名称与流变、起源与发展、功能与意义、主要的类型、制作与管理等基本问题进行系统考证，在此基础上，依据时代的演进与发展，分别对西周、春秋战国、秦汉、魏晋隋唐、宋元、明清不同历史时期的时代背景进行阐述，结合河北工程大学建筑艺术博物馆藏品对此期典型瓦当的形制、纹饰、制作、特征、风格等进行系统的研究，揭示历代瓦当与其所处时代的联系，并以瓦当为线索，一窥其时代背景、技术水平与精神生活。

　　文物承载灿烂文明，传承历史文化，维系民族精神。作为中国传统建筑的重要构件，瓦当为探寻辉煌灿烂的中华文明，弘扬与传承优秀传统文化，坚定文化自信，培育工匠精神，赓续文化血脉提供了丰富的实物佐证。

古籍：

[1] 高华平等译注：《韩非子》，中华书局，2015年版。

[2] 汪荣宝撰；陈仲夫点校：《法言义疏》，中华书局，1987年版。

[3] 杨天才等译注：《周易》，中华书局，2011年版。

[4] 陆玖译注：《吕氏春秋》，中华书局，2011年。

[5] 许慎撰；徐铉等校：《说文解字》，中华书局，2013年版。

[6] 杨天宇译注：《周礼》，上海古籍出版社，2004年版。

[7] 王秀梅译注：《诗经》，中华书局，2015年版。

[8] 刘晓艺校点：《管子》，上海古籍出版社，2015年版。

[9] 郭茂倩著；夏华等编：《乐府诗集》，万卷出版公司，2018年版。

[10] 李时珍撰：《本草纲目》，人民卫生出版社，2004年版。

[11] 李诫撰；方木鱼译注：《营造法式译注》，重庆出版社，2018年版。

[12] 李好文撰；辛德勇等点校：《长安志图》，三秦出版社，2013年版。

[13] 清工部撰；吴吉明译注：《清工部工程做法则例》，化学工业出版社，2018年版。

[14] 李斗撰；潘爱平评注：《扬州画舫录》，中国画报出版社，2014年版。

［15］姚承祖撰；祝纪楠编：《营造法原诠释》，中国建筑工业出版社，2012年版。

［16］刘肃等撰；恒鹤等点校：《大唐新语》，上海古籍出版社，2012年版。

［17］王溥撰：《唐会要》，1955年版，中华书局。

［18］刘立夫等译注：《弘明集》，中华书局，2013年版。

［19］萧绎撰：《金楼子》，中国书店，2018年版。

［20］司马迁撰：《史记》，中华书局，2014年版。

［21］班固撰：《汉书》，中华书局，1962年版。

［22］范晔撰：《后汉书》，中华书局，1965年版。

［23］陈寿撰；裴松之注：《三国志》，中华书局，1982年版。

［24］房玄龄等撰：《晋书》，中华书局，2015年版。

［25］魏收撰：《魏书》，中华书局，1974年版。

［26］沈约撰：《宋书》，中华书局，1974年版。

［27］李延寿撰：《北史》，中华书局，1974年版。

［28］刘昫等撰：《旧唐书》，中华书局，1975年版。

［29］欧阳修等撰：《新唐书》，中华书局，1975年版。

［30］脱脱撰：《宋史》，中华书局，1985年版。

［31］脱脱撰：《辽史》，中华书局，1974年版。

［32］宋濂等撰：《元史》，中华书局，1976年版。

［33］张廷玉等撰：《明史》，中华书局，1974年版。

［34］赵尔巽等撰：《清史稿》，中华书局，1977年版。

［35］司马光撰；胡三省注：《资治通鉴》，中华书局，1956年版。

［36］杨衒之撰；范祥雍校注：《洛阳伽蓝记校注》，上海古籍出版社，2018年版。

［37］郦道元撰；陈桥驿校正：《水经注校正》，中华书局，2013版。

［38］钟基等译注：《古文观止》，中华书局，2011年版。

［39］李昉等编：《太平御览》，上海古籍出版社，2008年版。

［40］欧阳修：《欧阳修全集》，中华书局，2001年版。

［41］任汋等编集：《宋词全集》，国际文化出版公司，1995年版。

［42］朱德才编：《增订注释全宋词》，文化艺术出版社，1997年版。

［43］谢永芳编：《李清照诗词品汇》，崇文书局，2022年版。

［44］徐梦莘撰：《三朝北盟会编》，上海古籍出版社，2019年版。

［45］顾炎武撰：《历代宅京记》，中华书局，2020年版。

著作：

［1］陕西省考古研究所秦汉研究室：《新编秦汉瓦当图录》，三秦出版社，1986年版。

［2］内蒙古文物考古研究所：《元上都宫城1号基址发掘报告》，中国大百科全书出版社，1997年版。

［3］徐锡台等：《周秦汉瓦当》，文物出版社，1988年版。

［4］村上和夫著，丛苍等译：《中国古代瓦当纹样研究》，三秦出版社，1996年版。

［5］叶木桂：《中国古代瓦当纹饰审美艺术》，西南交通大学出版社，2017年版。

［6］赵超：《我思古人：古代铭刻与历史考古研究》，社会科学文献出

版社，2018年版。

［7］赵丛苍，戈父：《古代瓦当》，中国书店，1997年版。

［8］金建辉：《中国古代瓦当纹饰图典》，浙江古籍出版社，2009年版。

［9］申云艳：《中国古代瓦当研究》，文物出版社，2006年版。

［10］郭华瑜：《中国古典建筑形制源流》，湖北教育出版社，2015年版。

［11］胡小鹏：《中国手工业经济通史·宋元卷》，福建人民出版社，2004年版。

［12］周良英等：《周敦颐著作释译》，华南理工大学出版社，2017年版。

［13］河南省文物考古研究所：《北宋皇陵》，中州古籍出版社，1997年版。

［14］郭兵：《椽檐遗珍》，山西人民出版社，2010年版。

［15］孟森：《明史讲义》，北京理工大学出版社，2018年版。

［16］陈永志：《内蒙古出土瓦当》，文物出版社，2003年版。

［17］赵力光：《中国古代瓦当图典》，文物出版社,1998年版。

［18］兰义和，李林俐：《承德皇家砖瓦雕饰艺术》，远方出版社，2004年版。

［19］梁思成：《中国建筑史》，五洲传播出版社，2023年版。

［20］陈根远，朱思红：《屋檐上的艺术：中国古代瓦当》，四川教育出版社，1998年版。

［21］刘庆柱：《战国秦汉瓦当研究》，《汉唐与边疆考古研究》（第

一辑），科学出版社，1994年版。

［22］翟小菊，赵丹苹：《颐和园瓦当纹饰艺术》，《中国紫禁城学会论文集》（第七辑），故宫出版社，2010年版。

［23］时洁：《齐瓦当研究》，新华出版社，2021年版。

［24］宋玉彬：《渤海瓦当研究》，文物出版社，2023年版。

［25］李文岗：《燕下都瓦当图形研究》，河北大学出版社，2017年版。

学术论文：

［1］陈直：《秦汉瓦当概述》，《文物》1963年第11期。

［2］钱国祥：《云纹瓦当在洛阳地区的发展与演变》，《中原文物》2000年第5期。

［3］焦智勤：《邺城瓦当分期研究》，《殷都学刊》2007年第2期。

［4］李梅：《中原地区莲花纹瓦当的类型与分期》，《文物春秋》2002年第2期。

［5］王飞峰：《北魏莲花化生瓦当探析》，《四川文物》2019年第3期。

［6］陈伟良：《洛阳出土隋唐至北宋瓦当的类型学研究》，《考古学报》2003年第3期。

［7］曹水虎：《浅析杭州出土的南宋瓦当》，《杭州文博》2011第2期。

［8］刘建华：《河北省张北县白城子古城址调查简报》，《辽海文物学刊》1995年第2期。

［9］乔文泉：《邺城考古调查和钻探简报》，《中原文物》1983年第4
　　期。

［10］中国社会科学院考古研究所：《隋唐洛阳城——1959-2001年考古
　　发掘报告》，《文物》2015年第12期。

［11］钱国祥：《北魏洛阳城的瓦当及其他瓦件研究》，《华夏考古》
　　2014年第4期。

［12］钱国祥：《汉魏洛阳城出土瓦当的分期与研究》，《考古》1996
　　年第10期。

［13］韩建华：《洛阳地区兽面纹瓦当的初步研究》，《考古学集刊》
　　2013年第12期。

［14］陈根远：《西汉瓦当文字艺术》，《中国书画》，2003年第1期。

［15］苟爱萍：《论秦汉云纹瓦当的艺术特点》，《中央民族大学学
　　报》（哲学社会科学版），2013年第4期。

学位论文：

［1］樊桂敏：《中国古代琉璃瓦初探》，南京大学，2011年学位论文。

［2］徐晨晨：《隋唐洛阳城出土的唐宋瓦当研究》，吉林大学，2018年
　　学位论文。

［3］李立志：《辽代瓦当研究》，黑龙江大学，2022年学位论文。

［4］石若瑀:《元代都城建筑琉璃工艺特征与产地研究》，西北大学，
　　2022年学位论文。

［5］汪田明：《中国龙的图像研究》，中国艺术研究院，2008年学位论
　　文。